T0107937

DANS LA MÊME COLLECTION

QU'EST-CE QUE
L'INTERPRÉTATION JURIDIQUE ?

COMITÉ ÉDITORIAL

CHEMINS PHILOSOPHIQUES

Collection dirigée par Roger POUIVET

Pol BOUCHER

QU'EST-CE QUE L'INTERPRÉTATION JURIDIQUE ?

Paris
LIBRAIRIE PHILOSOPHIQUE J. VRIN
6, place de la Sorbonne, Vᵉ
2013

P. A. Gammarus, « Du lieu par l'interprétation ou par l'étymologie »,
in *Dialectique légale ou les trois livres des topiques*,
Leipzig, 1522, traduction Pol Boucher.

F. Gény, *Méthode d'interprétation et source en droit privé positif*,
© LGDJ/Lextenso éditions, 1954.

© *Librairie Philosophique J. VRIN*, 2013
Imprimé en France
ISSN 1762-7184
ISBN 978-2-7116-2488-1

www.vrin.fr

QU'EST-CE QUE
L'INTERPRÉTATION JURIDIQUE ?

L'INTERPRÉTATION JURIDIQUE : DÉFINITION ET POLYSÉMIE

La question de l'interprétation juridique, que cette dernière soit « authentique » c'est-à-dire énoncée par une instance juridiquement habilitée à cet effet, ou « dogmatique », c'est-à-dire proposée par la doctrine, fait à ce point partie des interrogations récurrentes dans l'histoire du droit qu'on peut être tenté d'y voir un problème insoluble ou une tâche sans fin nécessitée par la modification constante des données juridiques auxquelles elle s'applique. L'encadrement de l'activité interprétative paraît en même temps nécessaire, puisqu'une liberté totale accordée à l'interprète transformerait la simplicité réelle ou supposée des lois, en une multitude de cas d'espèce. Réciproquement, cette liberté a paru devoir être d'autant plus réduite que la prévisibilité des solutions et l'application des lois d'origine rationnelle ou coutumière, sont directement liées à la simplicité de leurs formulations. L'idéal d'une législation dont la clarté garantirait l'applicabilité en toute circonstance et supprimerait les incertitudes de l'interprète, est ainsi étroitement lié dans l'histoire du Droit, à la question des moyens et des fins de l'interprétation. Déjà, en effet, le droit romain voit s'opposer dans la compilation de Justinien, ces deux conceptions très différentes de l'exposition des lois et de leur interprétation que sont d'un côté, les *Institutes* régis par les critères de classification et d'organisation systématique, et de l'autre, le *Digeste* où prédomine la compilation des décisions jurisprudentielles réunies par quelques principes d'unité thématique. Il en est de même à l'époque de la Renaissance, qu'elle soit italienne dès le *quattrocento* avec l'opposition entre le droit d'orientation pratique de Bartole et celui, plus abstrait, de Balde, où qu'elle soit européenne avec l'opposition entre les auteurs de coutumiers (Beaumanoir, Dumoulin ou Loysel, respectivement aux XIVe, XVIe et XVIIe siècles), et les Docteurs qui tentent d'unifier le *Corpus juris civilis* en utilisant les principes du *mos gallicus* (*cf.* Cujas ou Godefroy), ou ceux du *mos italicus* (*cf.* les juristes italiens, espagnols, portugais ou allemands comme Vigel, Vultejus, Berlich, Carpzov ou Leibniz). Il en sera encore de même au XIXe avec les deux conflits célèbres opposant Thibault à Savigny en Allemagne et Gény à l'École de l'Exégèse en France, puisqu'on y retrouve une même opposition quant aux sources du droit et aux méthodes d'interprétation qu'elles requièrent. Dans le premier cas, il s'agit de savoir si les lois, expression formelle et imparfaite de la conscience populaire, doivent être revivifiées par le retour à leurs sources coutumières, conformément à une conception romantique du droit, ou s'il faut au contraire leur donner la forme codifiée que défendait Thibault pour en rectifier les imperfections. Et dans le second, de savoir s'il est légitime d'examiner les conditions sociales et historiques de formulation des énoncés juridiques pour en étendre l'interprétation aux cas non prévus par le législateur, ou s'il suffit au contraire, d'analyser « la loi, toute la loi, rien que la loi » selon la formule prêtée à l'École de l'Exégèse, pour en comprendre toutes les possibilités d'application actuelle et future. Enfin, notre époque ne déroge pas à cette règle puisque la question de l'interprétation juridique y est abordée dans le cadre d'un conflit entre ceux qui en font une discipline dont l'objectivité tient à la nature des choses (jusnaturalisme classique et apriorisme phénoménologique), ou à la hiérarchie des normes (positivisme kelsénien), et ceux qui la définissent comme un art de la persuasion dont la subjectivité résulte du caractère pragmatique des échanges verbaux.

On ne peut en même temps défendre l'idée qu'il s'agisse là d'une seule et même opposition, parce que des transformations essentielles sont apparues progressivement dans la définition des moyens, des modalités et des fonctions de l'interprétation[1]. Et bien qu'il existe un fonds commun à toutes les époques lorsqu'il s'agit d'analyser les composantes syntaxiques et sémantiques des énoncés juridiques, on y découvre en même temps certaines différences indiscutables quant à la façon dont les instruments d'analyse logico-linguistiques peuvent ou non s'intégrer dans une théorie plus générale du discours juridique. Ce sont donc ces différences qu'il importe d'évaluer dès qu'on veut comprendre la question de l'interprétation juridique dans sa globalité, repérer les points où les théories contemporaines se démarquent de la conception classique et déterminer en quelle mesure elles réalisent ou non un progrès sur cette dernière.

Pour comprendre les raisons de cette étonnante continuité/ rupture entre toutes ces conceptions, il suffit de revenir au sens

---

1. Pour une présentation d'ensemble de l'interprétation juridique, voir J.-L. Bergel, *Méthodologie juridique*, Paris, P.U.F., 2001.

premier des mots désignant l'agent, l'action et le résultat de l'interprétation, tel qu'il apparaît dans cette langue latine qui fut la langue même du droit et en exprime encore la plupart des règles fondamentales. En effet, le terme "*interpres*" désigne en premier lieu l'intermédiaire entre deux parties, celui qui assure une fonction de communication et de médiation entre deux personnes engagées dans un processus d'échange qui peut être commercial, juridique ou plus largement, linguistique, et en second lieu, celui qui explique, celui qui traduit. Or ces deux sens contiennent chacun une ambiguïté. Dans le premier cas, la fonction d'interprète peut être conçue comme une relation à sens unique (de la règle de droit vers les usagers ; du cas général, vers le cas particulier), mais aussi comme une relation fonctionnant dans les deux sens si l'on admet que l'activité interprétative crée en quelque sorte la norme positive par le fait même qu'elle donne un contenu précis à l'énoncé abstrait du législateur et lui fait quitter son indétermination première. Et dans le second, l'explication peut avoir pour fonction d'exposer objectivement le contenu précis d'une norme légale, mais aussi, de spécifier un contenu aussi vague que général. La notion d'interprète est donc aussi complexe qu'imprécise puisqu'elle désigne la personne institutionnellement chargée d'expliquer le sens d'une règle de droit à ses usagers, de relier la formulation générale de cette règle à son application concrète et de pallier ce qu'elle peut avoir d'abstrait, en la concrétisant et en la complétant. Cette ambiguïté de l'interprète, *traduttore* et *tradittore*, se retrouve également dans le terme « *interpretatio* » qui reçoit en latin les trois sens d'explication, de traduction et de décision. Le premier correspond à l'intervention neutre de l'interprète qui se contente de révéler le sens objectif d'un énoncé en détaillant sa syntaxe et sa sémantique. Le second désigne l'intervention plus active de l'agent s'efforçant de faciliter la compréhension d'un énoncé formulé dans une langue, en le transposant dans une autre plus accessible, dont il présuppose l'équivalence. Le troisième, enfin, renvoie à l'action proprement modifiante d'un interprète contraint d'opérer certains choix de traduction par l'impossibilité d'établir une équivalence entre les deux langues. Enfin, cette ambiguïté se retrouve déclinée dans les cinq sens du verbe « *interpretari* », où l'on va progressivement de l'exposition passive d'un contenu à la décision interprétative et au jugement, en passant par la compréhension, l'éclaircissement et la traduction.

Deux conceptions générales de l'interprétation juridique s'appuyant sur deux paradigmes différents en résultent. L'une, issue du droit romain, défend l'idée d'une interprétation-explication procédant par analyse rationnelle de la lettre et de l'esprit des lois. Elle ne sera contestée qu'à partir du XIXe, dans le cadre d'une critique de l'École de l'Exégèse, et encore, de façon partielle, car si des auteurs comme Gény, Hauriou ou Duguit font intervenir l'Histoire et la Sociologie pour justifier certains choix normatifs, ils ne modifient pas pour autant la conception classique de l'interprétation et se contentent d'en parfaire la force explicative en introduisant les considérations extra-juridiques requises par la suppression des lacunes. L'autre, spécifique du XXe, s'appuie sur un paradigme très différent de type linguistique, pour soutenir l'idée que l'action de l'interprète ne doit pas se limiter à l'explicitation du contenu des énoncés juridiques, mais doit également porter sur les présupposés normatifs et méthodologiques qui prédéterminent ses conclusions. Une réflexivité indéfinie qu'on qualifie de « cercle herméneutique », en résulte, puisque la non-clôture du sens conduit à réinterpréter indéfiniment toute interprétation. Cette difficulté proprement ontologique a des conséquences

épistémologiques telles qu'on peut y voir un critère d'opposition des théories plus important que l'habituelle distinction
entre jusnaturalisme et positivisme juridique. En effet, bien
que le jusnaturalisme classique s'appuie sur une épistémologie
rationaliste pour déterminer le contenu des lois conformément
à l'ordre naturel[1], certains de ses partisans défendent malgré
tout des thèses irrationalistes lorsqu'ils font reposer l'ordre
social sur la tendance et l'instinct. De même, si la hiérarchie
kelsénienne des normes conduit à refuser l'idée qu'un interprète, même authentique, ait le pouvoir d'interpréter librement
une norme fondamentale et lui reconnaît seulement le pouvoir
d'appliquer concrètement les normes générales, *secundum*
et *praeter legem*, conformément aux règles d'analyse et de
raisonnement classiques (*cf.* O. Pfersmann[2]), certains positi-
vistes estiment au contraire que le caractère indéfiniment inter-
prétable de tout énoncé attribue un pouvoir absolu à chaque
interprète authentique et en fait un véritable créateur de normes
(*cf.* M. Troper et sa *Théorie réaliste de l'interprétation*).

L'INTERPRÉTATION DANS SON ACCEPTION CLASSIQUE
PRINCIPES, MÉTHODES ET PROBLÈMES

Si l'existence de principes généraux d'interprétation
du droit est largement discutée, les règles pratiques qu'on
peut y appliquer ne le sont pas moins dans la mesure où le choix
des principes les affecte en déterminant différemment leurs
domaines spécifiques et leurs règles d'application. Plusieurs

1. *Cf.* J. Domat, *Les lois civiles dans leur ordre naturel*, Paris, 1689.
2. O. Pfersmann, G. Timsit, *Raisonnement juridique et interprétation*,
Publications de la Sorbonne, 2001.

formulations en ont ainsi été proposées depuis l'époque de Justinien, soit de façon implicite et empirique dans les sentences des jurisconsultes, soit de façon explicite et théorisée quand la doctrine en a fait une composante de la méthodologie juridique. Différentes écoles et courants, nés de filiations et de ruptures, sont ainsi apparus et doivent être hiérarchisés selon des critères précis si l'on veut en comprendre l'originalité. Le plus immédiat en est l'ordre d'apparition. Ce n'est pourtant pas le meilleur, car les procédés d'interprétation appliqués de façon informelle par les juristes romains sont si complexes et variés que certaines conceptions modernes prétendant à l'originalité, se révèlent finalement très communes. Mieux vaut les répartir d'après la façon dont ils conçoivent l'interprétation. En effet, certains d'entre eux défendent une conception qu'on peut qualifier d'interne, en ce qu'ils soutiennent qu'il suffit d'appliquer les méthodes et les normes juridiques du système législatif dans lequel apparaît un cas difficile pour le résoudre. D'autres estiment au contraire qu'il faut introduire des éléments provenant d'une discipline non juridique, soit quand il est impossible d'opérer un choix entre deux explications possibles sur la base des seuls critères internes d'interprétation, soit quand celle-ci requiert la considération d'une finalité que le droit positif du moment ne peut fournir à partir des seuls principes d'analyse textuelle. Il s'agit alors d'une conception externe de l'interprétation impliquant une certaine hétéronomie méthodologique. Les premiers correspondent approximativement à ces trois doctrines consécutives que sont : la méthode de l'Ancien Droit, celle de l'École de l'Exégèse et celle des partisans du normativisme. La première repose sur l'utilisation rationnelle des moyens d'analyse de la *ratio legis* définis par les auteurs de la scolastique tardive. Les considérations historiques et sociales en sont absentes, au moins à titre d'éléments ultimes de l'interprétation juridique, et c'est sur l'estimation de la cohérence logique et systémique des règles de droit, complétée par l'intention du législateur, que repose l'interprétation. La seconde, née au XIXᵉ de la volonté d'exhaustivité législative des jurisconsultes, assied l'interprétation sur l'analyse littérale de la loi que vient parfaire l'intention du législateur déclarée dans les travaux préparatoires, ou à défaut, indiquée de façon plausible dans l'économie générale des lois. Cette méthode, critiquée de façon excessive par les doctrines ultérieures (notamment par la *Libre Recherche scientifique* de Gény), est à la fois psychologique, rationaliste et légaliste. Psychologique lorsqu'elle prétend trouver l'interprétation d'un texte en recourant par défaut à l'intention du législateur, rationaliste quand elle présuppose chez lui une volonté raisonnable à laquelle répond l'obligation de rationalité de l'interprète, et légaliste, parce que son volontarisme juridique la conduit à délégitimer toute interprétation ne reposant pas exclusivement sur le contenu positif des lois et leur cohérence systémique. La troisième, enfin, est celle du normativisme hérité de Kelsen dans laquelle la fonction interprétative, strictement définie et déléguée par l'instance supérieure, s'exerce essentiellement *secundum leges*, conformément aux règles classiques définies par la doctrine depuis Accurse et Bartole, et ne peut le faire *contra leges* puisque cela reviendrait à donner un pouvoir normatif autonome à une simple instance d'application.

De leur côté, les théories de l'interprétation juridique dont la démarche peut être qualifiée d'externe en ce qu'elles prennent en compte certaines données extérieures au droit positif lorsqu'il s'agit d'étendre les dispositions d'une loi aux situations étrangères à celles du moment de sa promulgation, sont essentiellement la méthode historique allemande issue des travaux de Savigny, la méthode de la *Libre Recherche scientifique* de Gény et la méthode sociologique. La première soutient que le recours à l'intention intemporelle du législateur est illusoire, parce qu'une législation apparaît par définition dans un contexte historique qui en détermine le contenu et parce que les nouveaux cas rencontrés par la pratique peuvent déroger aux dispositions d'une loi prévue pour des circonstances qui ne sont plus les leurs. Plutôt que de ramener artificiellement ces derniers à une volonté abstraite, d'autant plus muette qu'elle est éloignée dans le temps, mieux vaut modifier l'expression de cette intention pour lui conférer un sens compatible avec ces cas imprévus, sous réserve naturellement d'assurer la plus grande continuité d'inspiration possible entre les données du passé, notamment coutumières, et les créations du présent. La seconde, née d'une réaction déclarée contre la conception littérale et psychologique de l'interprétation de l'École de l'Exégèse (ou plutôt, sa présentation tendancieuse), reprend la critique de l'École Historique allemande et s'en distingue par la solution qu'elle propose. Si elle suit cette École lorsqu'il s'agit de dénoncer le recours systématique à l'intention du législateur, au motif de son imprécision sur tout ce qui ne correspond plus à l'époque où la règle de droit fut promulguée, elle s'en écarte par le caractère plus général de sa réponse. En effet, le silence de la loi et l'obscurité des termes du législateur permettent à l'interprète de s'affranchir des règles strictes d'interprétation littérale. Il peut donc recourir aux multiples informations qu'il prélève dans l'économie, la psychologie ou la sociologie pour déterminer l'orientation d'une solution originale, à la fois conforme aux exigences d'une nouvelle époque et compatible avec la cohérence du système législatif. La troisième enfin, défendue par Hauriou et Duguit à partir des travaux de Durkheim, peut être qualifiée de finaliste en ce qu'elle estime qu'une règle de droit doit se comprendre, non seulement dans le contexte juridique et historique de sa formulation, mais aussi d'après le but social qu'elle vise. Une modification de ce dernier sous l'effet d'une transformation des rapports sociaux, la rend ainsi littéralement inadaptée à sa fin et justifie le fait qu'on puisse en transformer l'interprétation de façon très large afin de l'adapter au nouvel objectif que la société lui propose.

Cependant, si toutes ces méthodes et orientations modernes se distinguent des techniques classiques issues du droit romain par la façon dont elles élargissent le champ de l'interprétation juridique pour y introduire les conditions sociologiques, psychologiques ou économiques de la formulation d'une règle de droit; si elles posent la question de l'interprétation des règles d'interprétation dans le cadre d'une herméneutique plus générale et si elles en viennent parfois à transformer abusivement de simples conditions de possibilité en autant de déterminants, il demeure que le *Corpus juris civilis* reste la source et l'horizon de toute l'activité interprétative au sens strict, parce que ses décisions de jurisprudents contiennent explicitement ou en germe, tous les arguments utilisables pour définir les significations *secundum*, *praeter* et *contra legem* d'une règle de droit. La meilleure preuve en est sans doute que la quasi-totalité des règles et maximes d'interprétation encore utilisées aujourd'hui, se trouve dans les trois titres du *Digeste : Des lois, des Sénatus-consultes et de la coutume bien établie* (D.I. 3), *De la signification des termes* (D. 50.16) et *Des différentes règles de l'ancien droit* (D. 50.17) qui représentent à cet égard, une sorte d'abrégé des possibilités d'interprétation d'une règle de droit, fondé sur l'intemporelle rationalité des rapports genre/espèces et l'autorité des décisions *notabiles* élaborées par les plus grands jurisconsultes romains pendant près de mille ans. Il faut donc en comprendre les principes pour mieux saisir en quoi notre époque y reste fidèle ou s'en affranchit.

Le *De la signification des termes* est le plus élémentaire des trois. C'est un simple dictionnaire dont l'intention est de rappeler l'interprétation conventionnelle des termes juridiques d'usage courant. Il contient des formules telles que : 1. « le terme "si quelqu'un", concerne aussi bien les hommes que les femmes ». 5. « Le terme "chose" est d'acception plus large que le terme "argent" » 6. « Les termes "nom" et "chose" concernent tout contrat et obligation ».

Le *Des différentes règles de l'ancien droit* est en revanche plus complexe parce qu'il vise deux objectifs différents. Le premier est de fournir un répertoire des réponses classiques à des problèmes d'interprétation, dont les caractéristiques peuvent être appliquées à d'autres énoncés afin d'en découvrir le sens. Les règles propres aux personnes, aux choses et aux actions s'y appliquent et permettent de soutenir, par exemple, que : 30. « C'est l'accord des parties et non le fait de coucher ensemble qui constitue le mariage ». 45.1. « Une convention passée entre personnes privées ne déroge pas au droit public ». 60 : « Celui qui n'interdit pas qu'on intervienne en sa faveur, est toujours réputé donner mandat pour qu'on le fasse ». On y reconnaît aussi d'autres types d'énoncés fondés tantôt sur l'application de règles à justification rationnelle, tantôt sur celle de règles proprement déontiques et tantôt enfin, sur une combinaison des deux. L'usage régulier de la négation et de la convertibilité des propositions complète l'ensemble et conduit à des inférences entre concepts d'extensions différentes dont la validité dépend de l'acceptation préalable d'une règle de droit. Cela donne des énoncés tels que : 37 : « nul pouvant condamner, est incapable d'absoudre » ; 54 : « nul ne peut transférer à autrui plus de droit qu'il n'en possède ». Le second objectif est encore plus général puisqu'il consiste à définir les grands principes d'interprétation permettant de choisir un sens parmi d'autres possibles dans le cas d'un conflit entre plusieurs normes ou plusieurs détenteurs de droits. L'expression juridique en est une succession de principes portant en particulier sur l'économie interprétative en matière douteuse (règle 9), les interprétations favorables en matière douteuse (règle 56 et 192), en matière successorale (règles 12 et 17), en matière d'affranchissement (règle 20), en matière de jugement (i.e. le critère du jugement de l'homme bon, règle 22), l'interprétation stricte des arguments du demandeur (règle 33), le principe inverse d'interprétation favorable des arguments de la victime du fait d'autrui (règle 39), et en dernier lieu, le principe corrélatif d'interprétation stricte en matière de bénéfice indu (règle 41.1). On y trouve même des règles méthodologiques d'interprétation, comme celle de la proposition 34, fondées sur l'ordre de priorité entre les sources du droit utilisables pour l'interprétation d'un énoncé.

Le dernier, enfin, intitulé *Des lois, des Sénatus-consultes et de la coutume immémoriale*, présente une diversité comparable d'inspiration et de contenu, puisqu'en laissant de côté quelques thèses extérieures à la question de l'interprétation[1] et deux formules justifiant l'interprétation par la généralité inévitable de la loi[2], toutes ses formules gravitent autour de quatre thèmes : l'interprétation analogique, l'exception dans

---

1. *Cf.* la sentence 31 qui énonce le principe fondamental du positivisme juridique : « Le prince n'est pas soumis aux lois » (« *Princeps legibus solutus est* »).

2. D. 1.3. 8.

son rapport à la *ratio legis*, les choix interprétatifs et la coutume, interprète des lois.

Le premier concerne les raisonnements interprétatifs qui procèdent, soit de façon déductive, soit de façon analogique. Dans le premier cas, ils peuvent circonscrire l'espèce en définissant déductivement ses propriétés à partir de l'énoncé générique (la *ratio legis*)[1] qui la concerne. Ils peuvent également utiliser les propriétés logiques de la négation pour en déduire ses caractéristiques spécifiques à l'aide d'un raisonnement *a contrario*, et ils peuvent enfin procéder à une *extensio legis* au moyen d'un argument *a fortiori* quand les propriétés de l'espèce nouvelle sont éminemment conformes à celles définies à un moindre degré par son genre. Dans le second cas, en revanche, le raisonnement procède par extension analogique c'est-à-dire par induction, puisqu'il suppose qu'une ressemblance partielle suffit à établir l'existence de propriétés communes justifiant le fait qu'on applique la même règle générique à deux espèces différentes. L'expression classique : « la disposition de la loi est la même là où la raison de la loi est la même », se décline en plusieurs formules où la fonction unificatrice de l'interprétation s'allie à sa condition de possibilité qu'est le postulat de cette unité potentiellement réalisée[2].

Le second thème porte sur l'exception dans son rapport à la *ratio legis*, autrement dit, l'interprétation des énoncés

---

1. D. 1.3. 17.

2. D. 1.3. 12. « Tous les cas particuliers ne peuvent pas être nommément compris dans les lois ou dans les Sénatus-consultes, mais quand la décision qui les concerne est claire dans une situation donnée, celui qui a une juridiction doit l'étendre aux cas semblables et dire ainsi le droit ». 27. « C'est pourquoi, comme il est d'usage de comparer les lois anciennes aux nouvelles, il faut croire que ces dernières sont contenues dans les premières de telle façon qu'elles concernent les personnes et les choses qui seront semblables ».

qui dérogent à ce point à une règle de droit commun, qu'on peut se demander s'il faut leur dénier toute valeur ou leur en accorder au contraire une, limitée à l'espèce considérée. Deux raisons concourent ici pour déterminer la nature des principes d'interprétation. La première, une des plus importantes du droit, s'appuie sur la considération des rapports d'inclusion et d'exclusion entre le genre, l'espèce conforme au genre et l'espèce dérogatoire, pour définir leurs domaines respectifs d'application. Elle se traduit par les deux règles fondamentales énoncées dans le *Des différentes règles de l'ancien droit* : « on déroge au genre par l'espèce »[1] et « les espèces sont toujours contenues dans les genres »[2], dont l'opposition traduit cette tension interne au droit Romain qui le conduit à défendre à la fois l'ordre classificatoire résultant d'une inclusion générale des espèces dans leurs genres respectifs et la précision d'une jurisprudence des cas singuliers. La seconde résulte d'une tentative de conciliation entre d'un côté la priorité des dispositions du droit positif sur les exigences de la raison, et de l'autre, la nécessité d'une cohérence législative fondée sur le postulat de rationalité du législateur. La règle est alors d'imposer à l'interprète de se soumettre à ses décisions, même irrationnelles, tout en lui interdisant d'en étendre le principe au cas semblables[3].

Le troisième thème concerne l'aspect proprement normatif de l'activité interprétative, à savoir celui des règles de choix entre interprétations également possibles. Deux facteurs doivent être ici pris en compte puisqu'une règle de

---

1. D. 50.17.80. « *Generi per speciem derogatur* ».

2. D. 50.17.147. « *Semper specialia generibus insunt* ».

3. D. 1.3. 14. « Mais ce qui est entériné malgré la raison du droit, ne doit pas tirer à conséquence. », D. 50.17.141 et D. 50.17.162.

droit se caractérise, comme tout énoncé, par sa finalité et sa cohérence interne. Or, si l'appréciation de cette dernière relève de l'évaluation du contenu dogmatique de la règle prise en elle-même et dans ses relations aux autres, celle de la finalité impose d'évaluer des priorités dont les justifications sont doubles. Il faut à la fois interpréter tout énoncé énigmatique dans le sens de la plus grande cohérence[1] pour satisfaire au postulat de rationalité du législateur, et privilégier l'interprétation qui en respecte les orientations fondamentales[2] pour préserver sa finalité sociale. Or, comme cette finalité sociale comprend aussi bien des objectifs individuels (la garantie d'exécution des volontés personnelles) que des objectifs collectifs (l'ordre public), les choix interprétatifs devront mettre en balance les contraintes spécifiques de chaque droit, civil ou pénal, privé ou public, national ou international, pour aboutir à la meilleure solution possible.

Le dernier thème, enfin, renvoie à la fonction interprétative de la coutume entendue de façon apparemment ambiguë, soit comme usage habituel informel, soit comme droit constitué. En effet, quand la maxime 37 déclare : « Lorsqu'on s'interroge sur l'interprétation d'une loi, il faut chercher à savoir quel était auparavant le droit appliqué par la Cité dans les cas semblables, puisque la coutume est en effet le meilleur interprète des lois », elle paraît reléguer au second plan l'usage interprétatif de la raison, au profit d'une explication par recours aux précé-

1. D. 1.3. 19. « En présence d'une expression ambiguë de la loi, il faut la comprendre de préférence dans le sens où elle est dépourvue de défaut, surtout quand on peut saisir ainsi la volonté de la loi ».
2. D. 1.3. 25. « Aucune raison de droit ou considération d'équité ne permet d'interpréter strictement les lois qui ont été introduites de façon salutaire pour le profit des hommes, afin de les rendre plus sévères et contraires à l'avantage de ces derniers ».

dents. On est donc en droit de se demander si l'interprétation d'une nouvelle espèce ne consiste pas dans le fait de trouver la coutume immémoriale qui lui ressemble et non d'en expliquer le sens par l'examen de sa *ratio legis*. La méthode interprétative de l'ancien droit romain relèverait ainsi de la recherche de précédents propre au droit de Common Law, et non de la qualification juridique caractérisant la tradition romanogermanique. La réponse est en réalité, moins contradictoire qu'il n'y paraît, car la règle du précédent de la maxime 37 concerne seulement le droit informel entériné par la tradition et non les lois dont le sens s'obtient par une combinaison d'analyse lexicale et d'inférences. D'autre part, cette règle n'est pas sans raison, dès lors qu'on y voit l'expression d'une rationalité empirique, car la maxime 114 ne pourrait pas déclarer « Il convient, dans les cas obscurs, de considérer ce qui est le plus vraisemblable ou ce qui se présente le plus souvent », s'il n'existait pas un ordre naturel, implicite dans les coutumes et que révèle seulement leur mise en forme. Et si l'autorité d'un précédent résulte de sa pérennité (c'est le *stare decisis* du droit de Common Law), cette dernière n'aurait pu se produire si de bonnes raisons propres à la nature des choses et à la constance du jugement populaire ne l'avaient rendue possible. Car, comme le disait lui-même Julianus : « Une coutume immémoriale est tenue à juste titre pour une loi. C'est ce qu'on appelle un droit établi par l'usage, car puisque les lois ne nous obligent qu'en raison du fait qu'elles sont admises par le jugement du peuple, c'est à juste titre que les coutumes approuvées par le peuple de façon informelle, obligeront tout le monde » [1].

---

1. D. 3. 1. 32. 1.

Mais si le *Digeste* contient bien les règles fondamentales d'interprétation juridique, le fait même qu'il les présente sous la forme d'une compilation et qu'il agglomère de façon désordonnée un grand nombre de formules disparates[1], soulève la question de leur application méthodique. Faut-il les passer toutes en revue, dans le désordre, jusqu'à épuiser les possibilités d'interprétation qu'elles offrent, pour résoudre un cas, ou peut-on y définir une progression permettant de traiter rationnellement n'importe quelle espèce ? Plus généralement, ne faut-il pas distinguer différents niveaux de complexité dans ces règles et différencier ces formules que la tradition appelait indistinctement « maximes », « principes » ou « axiomes », pour ne pas confondre celles dont l'objet immédiat est le contenu des règles de droit et celles, secondaires et plus générales, qu'on appelle aujourd'hui « métarègles », dont la fonction est de définir un ordre de priorité entre les précédentes ?

La complexité de la réponse à ces questions est directement fonction du nombre, et surtout, de la diversité des paramètres qu'il faut concilier pour aboutir à une solution satisfaisante. L'examen des décisions de jurisconsultes montre en effet qu'on peut y trouver la mention de personnes majeures ou mineures, soumises aux dispositions d'un seul ordre juridique ou de plusieurs, et auxquelles il est prévu d'attribuer un droit ou une obligation, de façon générale ou particulière, définitive ou transitoire, dans le cadre d'une législation civile ou pénale, accordant ou non certains privilèges aux statuts de défendeur ou de demandeur. Tous ne pouvant intervenir au même titre dans la détermination d'une interprétation et tous conduisant

---

1. Le *De verborum significatione* cite 246 sentences de jurisconsultes, le *De diversis regulis juris antiqui*, 211 et le *De legibus senatusque*, plus concis, 41.

finalement à des résultats différents (car l'impératif d'ordre public, par exemple, ne s'accommode pas toujours des exigences de la liberté individuelle, comme le montrent les situations de conflits de normes en droit international privé), il faut opérer un choix entre ces principes fondamentaux que sont l'intention du législateur, la cohérence générale des solutions, l'ordre public et la préservation des volontés individuelles, pour définir lequel (ou lesquels successivement) correspond le mieux au cadre juridique de l'espèce en question. Ainsi, quand le doute porte sur la signification concrète d'une loi générale dont la formulation est par nature abstraite, le travail de l'interprète consiste avant tout à préciser la portée des termes généraux au moyen d'une analyse linguistico-logique, complétée par l'examen de l'intention déclarée ou implicite du législateur. Il s'agit alors de déterminer la signification objective de la loi, autrement dit, l'étendue de son domaine d'application, en s'appuyant éventuellement sur l'analyse des travaux préparatoires pour préciser ce vers quoi tendait l'auteur de la loi au moment de sa promulgation. S'il y a bien prise en compte interprétative du contexte dans ce cas, il n'y a pas pour autant subjectivité puisque le contenu visé par le législateur, à savoir la réponse générale à des besoins sociaux, est proprement impersonnel. Il en est de même, quand on introduit une règle générale d'interprétation restrictive en droit civil ou d'interprétation favorable en matière pénale, pour soutenir dans le premier cas que « ce qui est admis contre la raison du droit ne doit pas tirer à conséquence »[1], et « qu'il faut interpréter

1. D. 50.17.141.

plus favorablement dans les causes pénales »[1] dans le second, car ces authentiques maximes traduisent simplement une hiérarchie logique et normative d'application très générale. Dans le premier cas, l'espèce dérogatoire confirme la règle dans les cas non exceptés et dans le second, l'importance du risque en matière pénale justifie qu'on n'y applique pas l'équivalent de la règle civile « *caveat emptor* »[2],

Quand le doute porte au contraire sur l'interprétation d'une loi contractuelle, autrement dit, d'un accord passé entre particuliers en considération de droits et d'obligations réciproques, le travail de l'interprète prend une allure plus particulariste. S'il ne consiste pas à prendre pour règle le respect absolu des motivations subjectives de chaque contractant, il vise cependant à définir les raisons proprement juridiques correspondant à leurs volitions. La lettre est alors subordonnée à ces dernières puisque tout désaccord entre elles se traduit par une rectification des dispositions écrites, conformément à la norme idéale d'un contrat de même genre convenu entre des parties de bonne foi. Comme l'écrivait déjà le *Digeste*[3] : « On a convenu qu'il valait mieux considérer la volonté des contractants plutôt que les termes, dans les accords entre parties ». Deux conséquences interprétatives en résultent. La première consiste à privilégier le débiteur de bonne foi plutôt que le créancier, ou le défendeur plutôt que le demandeur dépourvu de titre réel permettant d'asseoir ses prétentions[4], au double

---

1. D. 50.17.155.3. Sexte, *De regulis juris*. Règle 49. Sur leur application actuelle, voir H. Roland et L. Boyer. *Adages du droit français*, Litec, 1999, p. 662-663.
2. « Aux risques de l'acheteur ».
3. D. 50.16.219.
4. D. 50.17.125.

motif que le créancier est réputé plus informé que le débiteur des éventuelles conséquences néfastes d'un contrat puisqu'il en a lui-même rédigé les clauses[1], et que l'ordre public doit protéger la possession paisible contre toute réclamation infondée. La raison en est simple : comme la loi contractuelle porte sur des intérêts précis convenus entre particuliers, son interprétation peut introduire des restrictions d'ordre privé, à la condition impérative de se conformer aux propriétés générales de tout accord entre parties ainsi qu'aux exigences d'ordre public. L'acceptation d'une solution consensualiste aux dépens du strict légalisme, exclut en effet la permissivité, comme le montre le fait que les maximes d'interprétation favorable appliquées aux cas de contestation de propriété tendent toujours à préserver le *statu quo*[2], garant par excellence de l'ordre public. La seconde conséquence apparaît lorsqu'on examine les maximes d'interprétation favorable appliquées à des dispositions particulières définies dans un cadre non contractuel, où les impératifs d'ordre public s'accompagnent d'adoucissements normatifs tempérant l'application stricte des lois et favorisant l'obtention ou la préservation d'un droit, notamment à propos de mineurs ou d'incapables. Dans ce cas, les jurisconsultes soutiennent qu'il est « préférable de

---

1. D. 50.17.172. « Un pacte ambigu dans un contrat de vente, doit être interprété contre le vendeur ».

2. D. 50.17.126. « Quand on s'interroge sur un gain que se disputent deux parties dépourvues de titres, la cause de celui qui possède est préférentielle ». D. 50.17.154. Plus généralement, il s'agit de faire en sorte que la volonté des particuliers soit suivie d'effet, même quand elle s'avère obscure, conformément à la maxime « Il vaut mieux interpréter un acte juridique dans le sens où il se confirme que dans celui où il s'invalide » (D. 45.1. 80. Voir H. Roland et L. Boyer, *Adages du droit français, op. cit.*, p. 18).

répondre en faveur des dots dans les cas ambigus »[1], ou de « favoriser l'obtention de liberté en présence d'une volonté confuse d'affranchissement testamentaire »[2], et ils le font en vertu de normes portant sur le statut des personnes qu'ils introduisent afin de tirer d'une règle de droit ou d'une convention particulière, ce qu'une lecture directe ne peut donner. Cette orientation, et dans certains cas, cet achèvement de l'analyse littérale par de telles considérations, suppose évidemment l'usage de métarègles déterminant l'ordre de priorité entre règles d'interprétation, y compris dans le cas d'un énoncé élémentaire comme « en présence de », puisque ses conditions de validité définies par les droits civil et canonique sont à la fois physiques (la présence réelle) et intellectuelles (la pleine conscience des actions commises). Les *Commentaires* d'Alciat[3] sur le *De verborum significatione* du *Digeste* en donneront une excellente présentation d'ensemble.

Examiner une expression juridique pour savoir s'il faut l'interpréter de façon stricte ou extensive dans un contexte juridique où ce n'est pas tant la signification directe des termes qui importe, que celle, en partie fictive, résultant de priorités normatives, reste cependant une activité complexe puisqu'il faut à la fois utiliser une méthode exhaustive permettant de ne rien omettre et s'assurer de la cohérence de l'ordonnancement juridique. Or, ces deux exigences sont très différentes du point de vue des difficultés qu'elles soulèvent. La première est facile à satisfaire dès lors qu'on applique d'une manière ou d'une autre cette théorie romaine des circonstances dont

1. D. 50.16.85.
2. D. 50.17.179.
3. A. Alciat (1492-1550). *De verborum significatione commentaria*. Lyon, 1530. *Cf.* son commentaire de la loi « *in usu juris* » [D. 50.16.158], p. 200.

Chansonnette [1] résumait le principe dans sa *Raison méthodique adaptée dialectiquement à la jurisprudence* en déclarant : « Le jurisconsulte énumère sept circonstances dans la loi *aut facta*, à savoir : la cause, la personne, le lieu, le temps, la qualité, la quantité, l'événement. D'autres sont résumées par l'expression suivante : qui, quoi, où, comment, pourquoi, de quelle manière, quand » … « Ces circonstances ont pour fonction d'introduire des différences dans la propriété, l'obligation et tout ce qui est énoncé dans les lois. [*Ainsi*] la cause fait varier la propriété. Celui qui transfère son bien à un autre en vertu d'une vente ou d'une donation, fait de celui qui reçoit, un propriétaire. Mais celui qui le fait en vertu d'un commodat ou d'un dépôt, ne fait pas la même chose, parce que les causes de ces deux transferts ne sont pas les mêmes et que la première veut un transfert complet tandis que la seconde ne le veut pas, voir l'argument de C. 4. 6. 6 » … « Ici, la cause n'est rien d'autre que l'intention et la raison en vertu de laquelle quelque chose existe ». La seconde, en revanche, l'est beaucoup moins puisqu'il s'agit en définitive d'opérer un choix entre plusieurs contraintes normatives pouvant s'affecter mutuellement parce qu'elles relèvent de raisons différentes, également respectables. On sait, en effet, que l'interprète tend à chercher d'abord le sens d'une expression ambiguë dans la *ratio legis* et la *ratio mentis* parce qu'elles en sont respectivement la source et la référence objective, et qu'il s'appuie ensuite, à titre subsidiaire, sur ces moyens plus indirects que sont la cohérence du système juridique, la nature civile ou pénale, législative ou coutumière du droit en question, le caractère général ou dérogatoire de son expression, l'ordre public et enfin, l'importance

---

1. C. Chansonnette (1496-1560). *Methodica dialectice ratio ad jurisprudentiam adcommodata*, Bâle, 1545, chap. 7, p. 159-160 (notre traduction).

accordée en l'espèce aux droits fondamentaux. Or, si chacun de ces critères permet de justifier un choix normatif, comme le fait de privilégier l'interprétation restrictive sur l'interprétation extensive en droit pénal, ou de préférer une source législative à une source coutumière dans le cas d'une disposition vague, chacun peut également concurrencer les autres puisque la préférence accordée aux exigences d'ordre public peut contredire certains droits fondamentaux et qu'une dérogation affecte, par définition, la cohérence du système. Ici, l'interprétation juridique ne consiste plus à décrypter simplement les énoncés vagues et douteux, mais à opérer un choix justifié par une métarègle d'ordonnancement, autrement dit, à équilibrer des contraintes concurrentes au lieu d'expliquer simplement de façon linéaire et quasi définitionnelle, le contenu objectif d'une règle de droit. Cette complexité a été clairement perçue par les grands juristes de la scolastique tardive lorsqu'ils abordaient les questions de méthodologie juridique et tentaient de fonder une démarche-type de traitement des énoncés douteux. Ainsi, cet éminent théoricien des topiques que fut Everhardus[1] écrivait dans le paragraphe « Comment faut-il juger en cas de doute » de sa *Procédure judiciaire* : « Il n'est pas moins juste qu'avisé de suivre l'interprétation la plus favorable dans un jugement portant sur une affaire douteuse, D. 50.17.192 § 1. Si le doute peut être supprimé par des termes légaux exprès, il faut s'en tenir aux lois, D. 32.69. S'il est manifeste que le doute ne disparaît pas en vertu des termes de la loi, alors le Prince doit intervenir. Car s'il n'y a pas intervention du Prince, l'interprétation qui sera établie sera celle de la coutume qui est la meilleure interprète des lois. Et si l'on ne peut en

---

1. N. Everhardus, *Aphorismi legales*, Frankfurt, 1614, chap. 10, *Ordo judiciarius*, p. 17 (notre traduction).

appeler à la coutume, alors le juge suivra l'interprétation la plus favorable. Mais si les conditions sont égales de part et d'autre, alors on décidera à partir des termes de la loi, dans la mesure où cela est possible, même s'ils ne sont pas évidents, D. 14.1 § 6. Mais si les termes sont totalement ambigus, on en viendra alors seulement aux cas analogues. La signification d'un terme douteux doit toujours être interprétée de manière restrictive, D. 32.45. Ainsi, en cas de doute, un pacte est réputé être nu ; bien qu'on doive toujours revenir dans ce cas, à la raison de la loi, pour qu'on n'examine pas tellement ce que les parties ont appelé du nom de contrat, mais plutôt ce qui a été décidé par elles ou serait très vraisemblablement établi par le législateur. La règle suivante en découle : à chaque fois que plusieurs opinions sont rapportées par quelqu'un, on estime que la dernière est approuvée. Cela n'a pas lieu si la première est dotée d'une équité supérieure, puisqu'on s'écarterait de la rigueur en suivant la règle ». L'ensemble correspond à une hiérarchie composite des moyens d'interprétation et d'*extensio/restrictio legis* où se combinent, et parfois s'opposent, ces quatre séries de critères ordonnés que sont les types de sources (loi, interprétation législative, coutume), les moments de promulgation (antérieur ou postérieur), les niveaux de connaissance (*ratio legis*, raison analogue, vraisemblance) et les finalités dans leurs rapports aux droits fondamentaux (intention, équité et loi écrite). Plus profondément encore, c'est le rapport du général au particulier, c'est-à-dire l'usage des deux règles « *generi per speciem derogatur* » et « *semper specialibus generibus insunt* » qui en constitue le principe commun puisque les choix interprétatifs dépendent finalement de la conception qu'on se fait de leurs domaines d'application, à la fois au niveau des cas particuliers et au niveau du droit en général. En effet, il s'agit d'une part de trouver la raison permettant de compléter réellement ou fictivement les circonstances d'un énoncé incomplet pour le rendre conforme à une norme du droit positif, soit en le particularisant (on considère l'énoncé comme une exception dérogatoire), soit en le généralisant (on en fait une espèce conforme à la règle), et d'autre part, de savoir si l'on vise un ordonnancement déductif ou au contraire, inductif, puisque l'interprétation considèrera d'abord la règle générale avant d'aller vers ses applications spéciales et dérogatoires dans le premier cas, tandis qu'elle fera le contraire dans le second. Et même si cette opposition reste en partie théorique du fait de l'hétérogénéité même des droits législatif et coutumier contenus dans le *Corpus juris civilis*, il demeure qu'elle permet de distinguer les deux processus interprétatifs, y compris lorsqu'ils s'unissent au sein d'une seule et même doctrine. La suite du texte d'Everhardus en est, sous ce rapport, le parfait exemple. On y trouve en effet, sous le titre *L'ordre du droit écrit et non écrit qu'on suit dans les jugements*[1], l'exposé d'une procédure ordonnée d'interprétation en onze règles successives qui s'énonce comme suit : « 1 – On considère en premier le statut. 2 – Puis la conséquence ou la ressemblance de statut, seulement si la loi ne décide rien à propos de ce cas, car autrement, elle prévaut. 3 – Puis la coutume spéciale. 4 – Puis la ressemblance de coutume, si le cas lui ressemble en tout point et que la loi ne dispose rien. 5 – Puis le droit romain. 6 – Lorsqu'une coutume est en concurrence avec une loi et qu'elle n'établit rien de contraire à la loi, on préfère la loi dans la mesure où elle est interprétée et où elle confirme la coutume. 7 – Une loi générale déroge à une coutume générale si le législateur n'ignorait pas cette coutume.

---

1. *Ibid.*, chap. 10. p. 18.

Dans le cas contraire, la coutume prévaut. 8 – On recourt aux conséquences lorsqu'il n'existe aucune loi et aucune coutume, et s'il existe une similitude dans les deux cas, on préfère la loi. Ceci ne vaut pas pour les privilèges qui n'admettent pas qu'on recoure aux conséquences. 9 – Lorsqu'il existe une opposition de lois, on donne préférence à la dernière, en la réputant compléter la précédente plutôt que l'étendre ou la restreindre. 10 – On préfère le Droit Canonique dans une affaire de péché et de conscience. 11 – En cas de défaut de loi et de coutume, c'est l'opinion commune des Docteurs qui succède, et qui doit être plus soutenue par la raison que par le nombre et l'autorité ; mais si l'on découvre par l'opinion des Docteurs qu'il existe quelque chose de douteux dans le Droit Canonique, on peut l'utiliser validement dans le tribunal civil. De même, si quelque chose est établi dans la loi civile, on peut l'étendre validement dans le Droit Canonique ». Or, il suffit d'examiner ces règles pour constater qu'elles généralisent la raison des deux maximes « *generi per speciem derogatur* » et « *semper specialia generibus insunt* », et en tirent trois principes d'ordonnancement permettant de définir un système interprétatif applicable aux deux droits. Le premier est celui des sources. Ici, une loi connue et générale l'emporte sur une coutume connue et générale et non sur une coutume inconnue générale ou spéciale. De même, une coutume générale l'emporte sur une coutume spéciale et cette dernière, sur un privilège, c'est-à-dire une exception dérogatoire, parce que cette dernière ne peut tirer à conséquence et s'étendre à d'autres cas similaires. De même, enfin, toutes l'emportent sur le droit romain, conçu comme un *jus commune* auquel on fait appel dans le silence des lois parce qu'il vaut comme *ratio scripta* et que les principes généraux qu'on en peut tirer ont une extension inversement proportionnelle à leur faible compréhension.

Le second est celui des explications doctrinales qui sont d'autant plus admissibles qu'elles privilégient le contenu direct du droit positif sur son extension analogique (*cf.* la « similitude »), et cette dernière, sur une conclusion de pure raison (*cf.* la « conséquence »). Le troisième, enfin, est celui du temps dont la linéarité permet à la fois d'appliquer la règle « *lex posterior derogat priori* »[1] aux situations de conflits de lois et la règle inverse « *prior tempore potior jure* »[2] en cas de concours de créanciers hypothécaires. Si l'on y ajoute enfin le jeu des exceptions, réplications, duplications, amplifications et limitations[3] successives, on aboutit à un système d'interprétation logico-normatif dont l'exhaustivité semble pouvoir être obtenue en complétant l'ordre des raisons générales par celui des arguments casuistiques.

Deux conséquences immédiates en résultent. La première correspond à l'idée, récurrente en droit, d'un code dont la complétude serait assurée par l'application stricte de règles prohibitives limitant l'interprétation à celle qualifiée « d'authentique ». La troisième préface du Codex, le *De Novo Codice* de Leibniz et le projet de l'École de l'Exégèse en sont les conséquences directes, tout comme les classifications arborescentes de concepts et de définitions qui se généralisent au XVIe siècle sur le modèle de celles des *Institutes* de Justinien. La seconde, totalement opposée à la première, se traduit par le caractère conventionnel, et donc discutable, du principe

1. « Une loi postérieure déroge à une antérieure », *cf.* H. Roland et L. Boyer, *op. cit.*, p. 387.

2. « Premier en date, meilleur en droit », *cf.* H. Roland et L. Boyer, *op. cit.*, p. 674.

3. Voir par exemple les *Ampliationes* et *limitationes* de l'axiome 107 (*genus*), et de l'axiome 211 (*Specialia*) dans le *De axiomatibus* de Barbosa. Lyon, 1718.

d'ordonnancement des règles d'interprétation. L'axiome 130 du *De axiomatibus juris*[1] de Barbosa l'illustre bien car lorsque l'auteur déclare : « 1°. L'interprétation incombe à celui qui établit le droit. 2° L'interprétation d'un privilège se fait en considération de celui qui l'accorde. 3° L'interprétation doit être faite de telle sorte que la disposition ne devienne pas sans objet. 4° En cas de doute, il faut interpréter pour éviter la rectification, la contradiction ou le rejet de la disposition, et faire en sorte que la validité de l'acte en résulte. 5° L'interprétation doit être faite conformément à l'intention du disposant, lorsque celle-ci est évidente ; sinon, conformément à la vraisemblance et en considérant en dernier lieu la signification stricte des termes. 6° L'interprétation doit se faire conformément à la matière considérée », il réunit évidemment les principes d'authenticité, d'autorité, de consistance, d'économie, de finalité, de vraisemblance, de légalité et de substantialité de l'interprétation. Mais on voit également qu'aucun ordre incontestable de priorité n'en résulte puisqu'il ne suffit pas de soutenir, par exemple, que l'étude du droit substantiel est un moyen essentiel d'interprétation d'une disposition, pour reléguer au second plan celle des formes en lesquelles elle s'énonce, puisque les deux règles relèvent de considérations indépendantes. Plus généralement, bien que l'Ancien droit ait donné la preuve de son excellence interprétative dans l'emploi détaillé des règles et des métarègles qu'il propose, il n'a pas pu en tirer la complétude qu'il prétendait souvent obtenir pour des

---

1. A. Barbosa, *De axiomatibus*, *op. cit.*, Axiome CXXX, *« De interpretatione »*, p. 78 (notre traduction)

raisons entrevues à l'époque et clairement soulignées plus tard par N. Bobbio dans sa *Teoria generale del diritto*[1].

En effet, les trois critères de chronologie, de généralité/ spécialité et de conformité/dérogation[2] servent à définir l'ordre temporel de formation des droits ou leur degré de généralité. Ils permettent par conséquent d'éliminer toutes les contradictions ou antinomies provenant de leurs prétentions respectives à l'emporter sur les autres, et justifient le fait qu'une loi abroge une autre, en réduise le champ d'application ou en accepte le caractère dérogatoire. Ce sont donc des éléments d'autant plus essentiels à l'interprétation juridique, qu'ils ajoutent aux prescriptions des règles de droit parti- culières, certaines priorités permettant de privilégier l'une d'entre elles. Mais ce sont également des critères d'ordon- nancement dont l'emploi repose sur le présupposé d'une métarègle très générale, capable de les départager lorsqu'ils s'opposent entre eux. En effet, comme les critères hiérarchi- que, chronologique et de dérogation correspondent respec- tivement aux couples supérieur/inférieur (i.e. genre/espèce), antérieur/postérieur et conforme/dérogatoire, deux règles de droit peuvent entrer en concours de six façons différentes, à savoir :

$1._1$. antérieure/inférieure   contre   postérieure/supérieure.
$1._2$. antérieure/supérieure   contre   postérieure/inférieure.

---

1. N. Bobbio, *Teoria generale del diritto*, 2e partie, chap. 3 : *La coerenza dell'ordinamento giuridico*, G. Giappichelli (ed.), Torino, 1993, p. 201-235.
2. On peut les réduire à deux en considérant que l'espèce dérogatoire est la simple négation de l'espèce conforme au genre. La tripartition de Bobbio qu'on applique ici simplifie l'exposé du problème, à condition de remplacer le couple *généralité-spécialité* qu'il applique à l'espèce dérogatoire, par celui de *conformité-dérogation* pour conserver la distinction *genre-espèce* et souligner le fait que la *conformité-dérogation* n'en est qu'une modalité.

2.$_1$. antérieure/conforme   contre   postérieure/dérogatoire.
2.$_2$. antérieure/dérogatoire   contre   postérieure/conforme.
3.$_1$. conforme/inférieure   contre   dérogatoire/supérieure.
3.$_2$. conforme/supérieure   contre   dérogatoire/inférieure.

Or, la solution ne s'impose que pour la première formule de chacun de ces trois couples (à savoir 1.$_1$, 2.$_1$, 3.$_1$), parce que les trois règles « *lex posterior derogat priori* », « *semper species generibus insunt* » et « *generi per speciem derogatur* » suffisent à déterminer un ordre de priorité indiscutable, alors qu'elles n'y parviennent pas avec les secondes (1.$_2$, 2.$_2$, 3.$_2$). Car, que faut-il faire quand un cas relève de deux règles de droit dont l'une est antérieure et supérieure, tandis que l'autre est postérieure et inférieure? Faut-il privilégier la première en raison de sa généralité, conformément à la règle « *semper species generibus insunt* », ou préférer la seconde, du fait de la règle « *lex posterior derogat priori* »? De même, que faut-il conclure quand il s'agit cette fois d'un conflit entre une première norme antérieure/dérogatoire et une seconde, postérieure/conforme? Faut-il donner priorité à la première en vertu de « *generi per speciem derogatur* » ou préférer la seconde du fait de « *lex posterior derogat priori* »? Enfin, que doit-on dire quand le conflit oppose cette fois-ci une première norme conforme/supérieure et une seconde, dérogatoire/inférieure? Faut-il entériner la première en vertu de « *semper species generibus insunt* », ou conserver la seconde du fait de « *generi per speciem derogatur* »? On se trouve évidemment ici, dans une situation où l'on doit trancher entre des impératifs différents, également respectables, puisque l'ordonnancement juridique et la prévisibilité des solutions qui en résulte, reposent sur la règle d'inclusion des espèces dans les genres, tandis que la prise en compte de la volonté du législateur (ou des particuliers dans le cas de lois contractuelles ou de dispositions spéciales de type testamentaire), et plus largement, de l'impératif d'adaptation du droit aux fluctuations du moment, impose de tenir compte de ses dernières manifestations, y compris quand elles dérogent à l'ordre commun. Seul un jugement mettant en balance les différents impératifs du droit, peut apporter ici une solution. Mais il faut encore qu'elle soit possible et résulte d'une hiérarchie incontestable de ces derniers. Or, ces antinomies diffèrent entre elles, puisqu'il suffit d'admettre que le critère rationnel de généralité et le critère volontariste de dérogation l'emportent sur le simple critère factuel de chronologie (ce qui paraît assez naturel), pour éliminer les deux premières, tandis qu'on chercherait en vain la raison incontestable permettant de résoudre le dernier cas, puisque les deux principes qui s'y opposent ont une égale importance du point de vue de l'économie générale d'une législation. D'un côté, en effet, il s'agit de garantir sa cohérence en faisant en sorte que les espèces ne dérogent pas à l'ordre général, et de l'autre, d'assurer son adaptabilité en introduisant les aménagements dérogatoires tempérant la rigidité des catégories initiales. Quelle solution faut-il donc adopter dans ce dilemme caractéristique de la façon dont le droit hésite perpétuellement entre le besoin de codification et le développement irrépressible du désordre casuistique ? Toutes deux, appliquées de manière absolue, sont excessives et toutes deux pourtant paraissent en même temps requises lorsqu'on veut concilier empiriquement la simplicité des voies et la diversité des effets dans une législation positive. Il faut donc opérer un choix normatif, en fonction des circonstances et de l'économie générale du système car, ainsi que le disait Bobbio, « il n'existe pas de règle générale reconnue. Dans ce cas, comme dans celui de l'absence de critère, la solution dépendra également de l'interprête qui appliquera, selon les circonstances, l'un ou l'autre critère ».[1]

Ce genre de situation où l'interprète doit combler une lacune concernant un point aussi fondamental que l'ordre de priorité des métarègles afin d'éviter une antinomie et mieux hiérarchiser les droits fondamentaux, apparaît également en Droit international privé (l'ancienne théorie des statuts), lorsqu'une personne détentrice de biens est à la fois soumise à son droit national (principe de personnalité des lois), et au droit opposé du lieu où ces biens sont situés (principe de territorialité des lois). Cette théorie fut une création des Glossateurs[2] qui tentèrent d'éviter les difficultés inhérentes à une conception exclusive de la souveraineté territoriale en constituant une sorte de droit commun international (*comitias gentium*), fondé sur la reconnaissance de droits extraterritoriaux propres à chaque personne. Au lieu de soutenir, comme précédemment, que tout étranger abandonnait la totalité de ses droits lorsqu'il changeait de pays et se voyait ainsi interdire ou permettre d'effectuer des actes juridiques qui n'étaient pas reconnus lorsqu'il revenait dans son pays d'origine, ils introduisirent une distinction entre les droits réels liés aux choses, naturellement régis par la loi du lieu où elles se trouvent[3], et les droits personnels accompagnant la personne dans ses déplacements et régis par la loi du pays d'accueil. Pourtant cette distinction que semblait

1. N. Bobbio, *Teoria generale del diritto, op. cit.*, p. 231.

2. *Cf.* E. M. Meijers. *Etudes d'histoire du droit international privé*, Paris, CNRS Editions, 1968. M. Foelix. *Traité du droit international privé ou du conflit des lois de différentes nations*, Paris, Editions Marescq, 1866. P. Fiore. *Le droit international privé*, Paris, Editions Pedone, 1907.

3. *Cf.* la maxime « *Locus regit actum* » (« Le lieu de passation de l'acte en règle la forme », D. 21.2 § 6), voir H. Roland et L. Boyer, *Adages du droit français, op. cit.*, p. 398-401).

imposer la nécessité de s'affranchir d'un principe de souveraineté trop radical et à laquelle adhérèrent la plupart des Commentateurs[1], engendrait de nombreuses antinomies dont on retrouve encore le principe dans l'actuel Droit international privé. Que doit-on conclure, en effet, dans un cas comme celui des biens transportables qui relèvent de la loi du lieu par leur nature réelle et de la loi personnelle par le fait qu'ils sont une prolongation de la personne ? Plus généralement, comment doit-on interpréter une règle de droit comme « personne ne peut décéder en partie testat et en partie intestat »[2] qui interdit très logiquement de relever en même temps de ces deux catégories contradictoires ? Everhardus en avait proposé une solution habile dans le topique *De tanquam seu respectivis* en utilisant la distinction scolastique entre les énoncés directs et indirects (*secundum quid*), pour introduire une fiction de pluralité permettant d'éviter la contradiction. Il pouvait ainsi écrire : « Je suis originaire de Zélande et Brabançon en raison de mon domicile et de la majeure partie de mes biens. Je fais un testament dans lequel je nomme un substitué pupillaire pour mon fils émancipé impubère, ce qu'il n'est permis de faire, ni en droit commun, ni dans la coutume de Zélande qui se conforme au droit commun, voir le début des Inst. 2.16, mais que nous savons être permis dans la coutume du Brabant. Dans ce cas, on appliquera la coutume du Brabant pour les biens situés dans le Brabant, et la coutume de Zélande conforme au

1. Elle est essentielle chez B. d'Argentré qui sera malgré tout contraint de multiplier progressivement les cas relevant de statuts mixtes, après avoir voulu les éliminer au profit des seuls statuts personnels et réels. *Cf.* P. Cadiou, *Bertrand d'Argentré, pamphlétaire de l'histoire de Bretagne et doctrinaire des statuts*, Thèse de doctorat en droit, Rennes, 1974.

2. D. 50.17.7.

droit commun, pour les biens situés en Zélande. Par conséquent, si mon fils émancipé impubère décède pendant la
période de substitution pupillaire, on autorisera le substitué à
entrer en possession des biens en vertu de mon testament, à
condition qu'ils soient situés dans le Brabant, et pour les autres
biens, on admettra les héritiers les plus proches de mon fils
mort ab intestat. De cette manière, il décédera en partie testat
et en partie intestat, malgré la loi "jus nostrum" déjà citée, car
le caractère pluriel de ma patrie, et par conséquent, de mon
fils, implique cette pluralité ».[1] Mais on voit aisément qu'il
s'agit plus ici d'une réponse *ad hoc* destinée à éliminer une
antinomie particulière que d'une véritable solution générale,
puisqu'on augmente la difficulté au lieu de la réduire. Il suffit
en effet d'imaginer que ce fils ait vécu dans plusieurs pays
avant de mourir et y ait acquis de nombreux biens de toute
nature, pour devoir considérer qu'il se multiplie fictivement en
autant de personnes juridiques qu'il y a de rapports de droits,
sans être assuré pour autant de leur compatibilité d'ensemble.
Au lieu de multiplier les données et les difficultés par le biais
de cette fiction de pluralité de personnes, il aurait donc été
préférable de les réduire en faisant en sorte que l'une des deux
coutumes annule l'autre en la ramenant à elle par attraction,
comme disent les juristes.

Ainsi, dans le cas décrit par Bertrand d'Argentré[2] du
parisien de moins de vingt-cinq ans désireux d'acheter des

---

1. Everhardus, *De tanquam seu respectivis, op. cit.*, p. 791-792 (notre
traduction).

2. B. d'Argentré, *Coutumes générales du pays et duché de Bretagne revues
et corrigées sur l'original des commissaires réformateurs de l'an 1539*,
Rennes, 1568, § 47-48 (cité par P. Cadiou, *Bertrand d'Argentré, pamphlétaire
de l'histoire de Bretagne, op. cit.*, p. 576).

biens immobiliers en Bretagne et qui est considéré comme mineur selon la coutume de Paris et majeur d'après celle de Bretagne, l'antinomie entre la loi personnelle et la loi territoriale, c'est-à-dire la contradiction entre deux lois de même niveau de généralité, est éliminée en les hiérarchisant, autrement dit, en déterminant si l'essence du rapport juridique en question est la capacité de la personne ou la réalité du droit des choses. La difficulté sera ainsi résolue dans le premier cas en rejetant les dispositions de la loi territoriale au profit du statut personnel défini par la législation du lieu de naissance, au motif qu'il détermine une capacité juridique indépendante du lieu de résidence, et elle le sera, en sens contraire dans le deuxième cas, au motif inverse que le propre d'un droit réel est de relever d'une législation géographiquement localisée[1]. Mais on ne peut occulter ici le fait que cette résolution d'anti-nomie par analyse de l'élément essentiel du rapport juridique, est suspendue à un choix normatif contestable. Il aurait suffit, en effet, de soutenir que l'attraction réelle est absolue, autre-ment dit, que les statuts personnels des étrangers doivent se plier aux dispositions légales du pays d'accueil lorsqu'il s'agit de possession, pour être à même de constituer une hiérarchie différente, tout aussi légitime que la première, où les droits subjectifs de la personne seraient remplacés par les droits objectifs des citoyens. L'usage des statuts mixtes n'est donc qu'une fausse solution, car s'ils ont l'avantage, comme toutes les entités intermédiaires, d'introduire plus de souplesse dans les catégories, ils ont aussi pour inconvénient d'occulter la difficulté centrale consistant à ne pas avoir de principe général de catégorisation applicable à toute situation. Comme les

---

1. *Cf.* P. Cadiou, *Bertrand d'Argentré, pamphlétaire de l'histoire de Bretagne*, *op. cit.*, p. 574-576.

règles logico-linguistiques d'interprétation et les trois méta-règles décrites plus haut sont elles-mêmes incapables de résoudre cette difficulté, puisqu'il faudrait pour cela qu'elles aient la capacité de déterminer normativement leur propre place dans une hiérarchie de règles, il faut en revenir finalement à la nature des choses ou aux raisons positives permettant de justifier une certaine conception de l'essence du rapport juridique.

Leibniz, comme certains Commentateurs de son époque, en était parfaitement conscient. Il en tirait l'idée qu'il fallait construire les tables de définitions impliquées par ces rapports juridiques pour mieux assurer les conclusions qu'on devait en tirer dans le cadre d'une jurisprudence analytique. Plus simplement, il en tirait un principe jusnaturaliste de catégorisation qu'il illustrait comme suit dans la *Nova Methodus* : « Il est évident qu'il faut juger conformément au droit de la nature dans les cas à propos desquels la loi ne s'est pas prononcée, de la même façon qu'on juge conformément au droit commun dans le cas des statuts qui cessent de s'appliquer. Si ceux qui rendent des décisions respectaient cela, ils se sortiraient très facilement des difficultés ; mais il est vrai qu'ils examinent plutôt les affaires semblables qui ont été décidées en droit civil, et ils argumentent de ces dernières vers les premières, ce qui les plonge dans une grande perplexité ; en effet, plusieurs espèces ressemblent à un même genre, et l'un invoque telle ressemblance, l'autre, telle autre. J'estime préférable par conséquent de s'en rapporter au Droit de la Nature simple et immuable. Et je considère que c'est comme si quelqu'un voulait transférer aux ânes les dispositions concernant l'éviction, qui ont été introduites çà et là dans les statuts, à propos des ventes de chevaux. Il y a cependant doute sur le fait de savoir si l'on peut les transférer aux mulets. J'estime qu'on ne le peut pas ; en effet, le mulet est plus un âne qu'un cheval car le part suit le ventre, or la mère est une ânesse »[1]. Comme on le voit, la question juridique y est celle des limites de l'*extensio legis* puisqu'il s'agit de savoir si l'on peut appliquer aux ventes de mulets la garantie d'éviction prévue pour les ventes de chevaux[2] parce que les deux espèces sont semblables et que leurs ventes sont formellement identiques. Or, cette question ne peut être résolue d'une manière purement logique dans le cas mixte du mulet car il y a autant de raisons de le classer dans l'une ou l'autre catégorie. D'autre part, l'emploi du raisonnement *a simili* conduit à des conclusions inacceptables lorsqu'une même *ratio* ne garantit pas l'unité générique de l'ensemble des espèces considérées, c'est-à-dire la catégorie de rattachement objective, puisqu'on peut passer insensiblement d'une ressemblance générale à une ressemblance infime par dérivations successives. S'il est donc impossible de résoudre la difficulté de façon purement logique et si l'on veut éviter de le faire à partir d'une simple convention, il faut introduire une raison de choix permettant de valoriser l'une des deux relations de ressemblance antagonistes pour mieux ignorer l'autre à l'image de ce que fait le brocard jusnaturaliste « le part suit le ventre », en privilégiant la filiation maternelle.

Cette irruption des normes dans les règles d'interprétation ne se limite pas aux conflits de lois. Elle se présente aussi dans les situations[3] où le raisonnement est incapable d'aboutir à

---

1. G. W. Leibniz. *Nouvelle méthode pour enseigner et apprendre la jurisprudence*. § 70 (notre traduction).

2. La garantie donnée à l'acheteur qu'il ne sera pas évincé par un éventuel tiers acquéreur.

3. La tradition les qualifie de « perplexes » et Leibniz en fait une analyse détaillée dans *Des cas perplexes*, Paris, Vrin, 2009.

une solution définitive, parce que les règles d'ordonnancement y déterminent un ordre à ce point circulaire qu'elles retarderaient indéfiniment la solution de l'espèce si l'on ne privilégiait pas normativement une solution. Le prototype classique en apparut lorsque Justinien voulut protéger la dot de l'épouse contre les hypothèques constituées par son mari avant le mariage et qui pouvaient être réclamées par les créanciers en cas de prédécès de ce dernier, en donnant priorité à la femme dans l'ordre d'appel des créanciers. La Constitution *Assiduis*[1] ajoutée aux stipulations traditionnelles du droit romain, déclara en effet que l'épouse devait passer « avant les autres créanciers, même s'ils étaient antérieurs ». Or, cela engendrait une situation de concours insoluble lorsqu'on réunissait ce privilège de priorité et les deux règles « *prior tempore potior jure* » et « *generi per speciem derogatur* » puisqu'il suffisait de supposer qu'un individu ait contracté successivement deux obligations constitutives d'hypothèques avec deux créanciers différents, à savoir une obligation générale créant une hypothèque tacite, puis une obligation spéciale assortie d'une hypothèque expresse, et qu'il se soit ensuite marié, pour être confronté à une relation de priorité circulaire dans laquelle chacun l'emporte sur le suivant. Le premier créancier l'emporte, en effet, sur le second en vertu de la règle « *prior tempore potior jure* ». Le second l'emporte sur la femme parce que la formule de la Constitution *Assiduis* définissant le privilège dotal de cette dernière détermine une universalité générique (« les autres créanciers »), dont il s'affranchit en vertu de la règle « *generi per speciem derogatur* », puisque son hypothèque expresse est dérogatoire par définition. Et la

---

1. C. 8.17.12. Cette Constitution fut édictée en 531 par Justinien.

femme enfin, l'emporte sur le premier créancier en vertu du privilège dérogatoire de la Constitution *Assiduis*. Comme cette circularité dans l'ordre d'appel ne peut être éliminée, ni par la logique, ni par les métarègles d'ordonnancement, car toutes s'appliquent sans pouvoir l'empêcher, il faut impérativement ajouter une norme extérieure établissant une hiérarchie indiscutable et transformant la relation d'ordre circulaire en simple relation d'ordre linéaire. D'un autre côté, comme l'exigence de cohérence législative interdit d'introduire n'importe quelle norme pour résoudre la difficulté puisqu'il ne s'agit pas tant de procéder *contra legem*, mais bien *praeter legem* pour obtenir une hiérarchie dans laquelle chaque loi continuerait de s'appliquer dans son propre domaine, l'interprétation juridique doit innover dans le sens que lui paraissent indiquer la *ratio legis* et l'*intentio* du législateur. Or, les dispositions juridiques relatives à l'ordre des créanciers ont ici deux objectifs très différents. Celles antérieures à la Constitution *Assiduis* visent à garantir le crédit en faisant en sorte que les créances constituées avant le mariage viennent en premier dans l'ordre d'appel et puissent être payées sur l'actif du mari, sans subir la concurrence de l'hypothèque dotale. *Assiduis*, au contraire, défend les intérêts démographiques en donnant à l'épouse les moyens requis pour l'éducation des enfants, par le biais du superprivilège qu'elle lui accorde sur ces créanciers. Trancher l'affaire consistera par conséquent à hiérarchiser ces intérêts et droits fondamentaux et par le fait même, à donner à l'interprète le pouvoir d'opérer un choix de société. La question de l'interprétation juridique devient donc, à ce moment, celles des conditions d'attribution et d'exercice d'un tel pouvoir créateur.

DE L'INTERPRÉTATION CLASSIQUE
À L'HERMÉNEUTIQUE JURIDIQUE

Si la méthode d'interprétation philologique de l'École Humaniste[1] de la Renaissance a représenté un véritable changement de paradigme par rapport à l'étude lexico-logique des Glossateurs qui analysaient les dispositions du droit romain de façon intemporelle, parce qu'elle proposait une étude lexico-historique de leur contexte de promulgation et pouvait ainsi déterminer leur sens réel, toutes deux avaient pourtant en commun de défendre l'idéal d'une science autonome de l'interprétation juridique. Même lorsqu'il fallait innover, l'invocation d'une *ratio* ou d'une *intentio* suffisamment vague pour être régulatrice, leur paraissait suffire pour justifier qu'on pût procéder à une *extensio legis* rectifiant, corrigeant ou dérogeant au droit commun[2], tout en restant dans le champ d'application potentiel, sinon actuel, du droit constitué. En bref, l'humanisme philologique s'opposait aux scolastiques en ce qu'il savait reconstituer le sens véritable des énoncés du *Corpus Juris Civilis* à partir de la langue dans laquelle ils étaient formulés, mais il ne condamnait pas pour autant l'idée qu'on pût résoudre un cas comme celui d'*Assiduis* en appliquant les procédés scolastiques d'interprétation, puisqu'on y trouvait précisément les règles d'interprétation extensive nécessaires à cet effet. François Hotman, partisan convaincu de la doctrine humaniste, n'aurait pas écrit

---

1. *Cf.* les travaux de Budé, Alciat, Cujas ou Godefroy.

2. *Cf.* le long topique « De la raison large, vague ou générale d'une loi, à l'extension de cette loi » des *Loci argumentorum legales* où Everhardus distingue les types d'extension selon que le cas rectifie le droit commun ou y déroge, en matière civil ou pénale, *op. cit.*, p. 481-540.

un authentique manuel de scolastique juridique intitulé *L'institution de la Dialectique*[1] s'il n'avait été convaincu de la pertinence d'une méthode dont il critiquait pourtant les auteurs.

L'opposition entre l'interprétation-lecture de l'École de l'Exégèse et l'interprétation-création de la *Libre Recherche scientifique* de Gény, qui se cristallisa à la fin du XIXe avant de se généraliser dans ce qu'on appela plus tard « *la querelle des méthodes* », constitue au contraire un véritable changement de paradigme parce qu'on y passe d'une conception endogène de l'interprétation à cette conception proprement exogène selon laquelle les normes permettant d'éliminer une lacune comme celle qu'illustre *Assiduis*, ne doivent pas être cherchées, de façon interne, dans l'analyse du rapport de droit ou dans l'*intentio* du disposant, mais dans des champs disciplinaires extérieurs au Droit comme l'Histoire ou la Sociologie. Cela ne veut évidemment pas dire que les moyens traditionnels d'interprétation doivent être abandonnés au profit d'un principe indéfendable d'hétéronomie méthodologique. Gény[2] sera très clair sur ce point. Les arguments traditionnels utilisés depuis les Glossateurs sont indissociables de l'explication littérale des lois et du recours à l'intention déclarée ou reconstituée du législateur que préconise l'Exégèse, parce qu'ils sont inséparables de toute interprétation raisonnée. Les critiques de Gény ne portent donc pas réellement sur la vertu explicative de ces moyens interprétatifs, mais sur le fait qu'ils puissent suffire à combler n'importe quelle lacune, autrement dit, sur le

---

1. *Dialecticae Institutionis libri IIII*, Paris, 1573.
2. F. Gény, « Méthode d'interprétation et sources en droit privé positif », 2e éd., LGDJ, 1954.

postulat de plénitude logiquement nécessaire de la loi. Doit-on soutenir que le sens actuel et potentiel d'un énoncé législatif peut être intégralement obtenu à l'aide des seuls moyens de l'explication textuelle et de la logique (en y incluant les raisonnements déductifs, inductifs et analogiques complétés par le recours à l'équité), ou faut-il au contraire reconnaître qu'ils sont incapables de régler certaines situations de vide juridique et qu'il faut donc attribuer à l'interprète le pouvoir souverain de chercher en dehors du droit positif, les raisons de le compléter ou de le rectifier ? Telle est la question centrale qui le conduira à remplacer le paradigme de l'interprétation-explication, par celui de l'interprétation-création et à soulever par le fait même des difficultés dont les effets, déjà sensibles à son époque, sont devenus prédominants quand l'interprétation s'est transformée en cette herméneutique contemporaine dont Jean-Jacques Sueur rappelait qu'elle ne consiste plus à se poser « la question du comment (les directives ou les méthodes de l'interprétation), éventuellement celle du pourquoi (les mobiles du jugement) mais qu'elle fait corps avec le texte juridique, qu'elle en est même un élément essentiel ». [1]

Cependant, si l'application plus ou moins avouée de ces trois principes que sont le normativisme, l'usage d'une méthodologie positiviste (notamment dans les théories dites réalistes), et la remise en cause du principe de référence objective de l'interprétation, accompagne bien le passage de la conception classique de l'interprète-pédagogue à la conception herméneutique de l'interprète-créateur, cela ne veut pas dire que chacun d'entre eux soit également défendu

1. J.J. Sueur, *Introduction à la théorie du droit*, Paris, L'harmattan, 2000, p. 140.

par tous ceux qui soutiennent une position herméneutique en matière d'interprétation juridique. Il existe, au contraire, une différence considérable entre ceux qui admettent que le « travail de construction-reconstruction » de l'interprète vise à « poser une norme qui peut être en apparence différente de celle que l'auteur du texte voulait en réalité poser »[1], et ceux qui prétendent qu'elle est effectivement différente. Alors que les premiers restent fidèles à la tradition faisant de l'interprète, le révélateur du sens implicite mais réel des énoncés du législateur, les seconds s'en écartent définitivement pour en faire un véritable créateur. Toutes les difficultés auxquelles on est confronté lorsqu'on veut synthétiser les différentes conceptions de l'herméneutique juridique contemporaine, tiennent d'ailleurs à cela. Aucune ne s'accorde entièrement avec les autres sur le degré de liberté qu'il faut laisser à l'interprète. Chacune applique au contraire, de façon différente, l'un de ces trois principes et en tire des conséquences contradictoires. Tantôt l'on choisit de défendre le principe d'imputation kelsénien pour séparer les faits des normes et réfuter par là même l'idée jusnaturaliste d'une déduction des secondes à partir des premiers. Les énoncés législatifs deviennent alors l'expression d'une volonté se déterminant de façon autonome d'après les impératifs de cohérence qu'elle choisit de s'imposer et l'on rejette par le fait même l'idée d'une interprétation créatrice au profit exclusif d'une fonction interprétative déléguée s'appliquant dans des conditions précises définies par l'autorité[2], et conformément aux règles classiques de

---

1. J.J. Sueur, *Introduction à la théorie du droit, op. cit.*, p. 140.
2. *Cf.* O. Pfersmann, G. Timsit. *Raisonnement juridique et interprétation. op. cit.*; voir en particulier la critique de l'ontologie juridico-morale de Dworkin, p. 20 *sq*.

l'explication *secundum legem*. Mais comme la délimitation initiale de leur portée par le législateur ne peut tenir compte des questions qui lui sont inconnues au moment même où il en définit l'étendue, on ne peut empêcher qu'une suite continue d'extensions mineures fasse naître insensiblement une nouvelle catégorie. L'interprétation, de restrictive qu'elle était initialement, devient ainsi progressivement *praeter legem*, puis *contra legem* et confère en définitive un pouvoir créateur à l'interprète. Tantôt au contraire, l'on décide, comme dans le cas des théories « réalistes »[1] ou « néo-réalistes », d'associer la séparation kelsénienne des faits et des normes, c'est-à-dire le principe d'imputation, à l'emploi d'une méthode d'analyse objective issue des sciences expérimentales, afin de comprendre ce qu'est réellement l'interprétation juridique authentique. La composante cognitive de l'interprétation, essentielle dans la conception classique, y devient alors secondaire comparée à la composante impérative, puisque la signification d'un texte législatif et sa valeur contraignante ne résultent pas directement du contenu de ses termes, mais découle d'une décision[2] de l'interprète authentique auquel est accordé institutionnellement le pouvoir de trancher (*i.e.* le Conseil constitutionnel, le Conseil d'Etat ou la Cour de cassation). Comme le dit M. Troper, ce n'est plus l'indétermination textuelle qui fait naître la liberté de l'interprète authentique. C'est au contraire

---

1. *Cf.* M. Troper, « Théorie réaliste de l'interprétation » (TRI). *Le droit, la théorie du droit. L'Etat*, Paris, P.U.F., 2001 ; « La liberté de l'interprète », in « L'office du juge », Actes du Colloque du Sénat (29-30 sept. 2006), p. 28-40.

2. *Cf.* M. Troper, « Théorie réaliste de l'interprétation », *op. cit.*, p. 35 : « Il résulte de tout ce qui précède qu'il n'y a aucune limite juridique à la liberté de l'interprète, parce que, quoi qu'il fasse, quoi qu'il décide, quelle que soit l'interprétation qu'il donne, celle-ci est, par définition, valide. »

sa liberté qui engendre l'indétermination textuelle parce qu'elle lui permet de trancher indépendamment de toute contrainte, même épistémique, et de déterminer un sens parmi d'autres. Toute la difficulté étant évidemment ici d'aboutir malgré tout à une doctrine officielle cohérente conciliant ces deux principes antinomiques que sont le respect des contraintes logico-juridiques de l'interprétation rationnelle (et pas seulement le *stylus curiae*, les habitudes des interprètes), et l'affirmation positiviste du caractère volontaire de l'interprétation normative. Tantôt enfin, l'on opte pour une conception encore plus radicale de l'herméneutique où l'on associe le criticisme kantien au paradigme linguistique pour opérer la « déconstruction » de la théorie de l'interprétation elle-même, conçue comme une métalangue dont les principes doivent être analysés si l'on veut savoir ce qu'interpréter veut dire. Comme cette réflexivité de la critique s'applique à elle-même, on est, soit réduit à une recherche indéfinie des fondements de l'interprétation, soit conduit à postuler une signification première en faisant de l'interprétation, le libre jeu d'une volonté[1]. Si l'on ajoute enfin à cette tripartition élémentaire, toutes les doctrines intermédiaires appliquant diversement le paradigme herméneutique, on est conduit à un tel enchevêtrement de solutions qu'il devient difficile d'y reconnaître une filiation incontestable et d'y trouver des positions que toutes, ou presque, ne contestent pas d'une façon ou d'une autre.

On peut en revanche repérer certaines lignes de fractures entre les herméneutiques juridiques contemporaines et comprendre ainsi comment elles se démarquent les unes des

---

1. *Cf.* M. Van de Kerchove et F. Ost. *Le droit ou les paradoxes du jeu*, Paris, P.U.F., 1992.

autres sur des points fondamentaux concernant la langue du droit, le syllogisme judiciaire, la rationalité juridique et la liberté de l'interprète.

On sait, en effet, que les juristes du XVIᵉ siècle, défenseurs d'une positon rationaliste, voyaient dans la syllogistique le meilleur moyen d'exprimer les relations genre/espèce et d'obtenir une relation de subsomption logique objective, parce qu'ils en tiraient l'application des catégories juridiques aux cas d'espèces à partir du rapport naturel d'identité entre le *definiens* et le *definiendum*. On sait également qu'ils y ajoutaient les arguments topiques procédant par induction et analogie, afin de clore la « texture ouverte des énoncés juridiques », supprimer l'ambiguïté des formules romaines et obtenir un droit conforme aux exigences de la *recta ratio*. Ils s'y croyaient d'autant plus autorisés qu'ils attribuaient, par construction, les mêmes propriétés intemporelles aux structures rationnelles du langage et du droit. Le résultat en fut la doctrine objectiviste, universaliste et anhistorique de la *ratio legis* qui permit aux juristes comme Gammarus de soutenir que l'interprétation porte sur « la véritable loi [qui] est une droite raison, conforme à la nature » [1]. Or, c'est tout le contraire qui se présente lorsqu'on examine les thèses d'auteurs contemporains comme Yann Thomas ou Michel Villey. L'interprétation y devient en effet historique et particulariste lorsqu'elle dénonce les anachronismes des glossateurs du XIIIᵉ pour défendre une conception proprement linguistique. Elle rappelle en particulier que les concepts du droit romain doivent être rapportés à leurs contextes institutionnel et historique de

---

1. Fin du *De veritate ac excellentia legalis scientiae liber* de Gammarus. (in *Dialectica legalis*), 1522.

formulation pour être compris, parce que « le droit romain est une structure de contenu qui se manifeste dans une structure linguistique de latin »[1]. Et si une théorie de l'interprétation y reste indispensable du fait qu'on ajoute les spécificités culturelles de formulation des énoncés juridiques aux propriétés des termes et aux relations qu'analysaient les scolastiques, elle ne prend plus la forme d'une logique rapportant exclusivement chaque proposition à sa référence épistémique afin d'en contrôler la validité. Il est vrai qu'il faudrait, là aussi, introduire des nuances entre les auteurs. Y. Thomas ne soutient pas l'irrationalisme implicite qu'on reconnaît dans la façon dont M. Villey rejette la logique au profit d'un art interprétatif incarné par le *Prudent*, parce que les structures linguistiques ont pour lui la stabilité et l'objectivité d'un ordre systémique. Mais il est également évident que « la question d'un droit absolu ne peut plus se poser »[2] pour eux, parce qu'une telle conception de l'interprétation conteste fondamentalement qu'elle doive porter sur les invariants intemporels autrefois visés par le jusnaturalisme, et aujourd'hui, par le droit comparé et le normativisme kelsénien.

Le refus de l'assimilation, au moins partielle, du raisonnement juridique au syllogisme judiciaire, est une autre conséquence de la mise en évidence de l'hétérogénéité linguistique, notamment au niveau des modes de raisonnement pratique. En effet, lorsque les développements de la logique formelle des années soixante ont fourni les moyens syntaxiques et sémantiques de traitement des énoncés à contenu normatif,

---

1. Y. Thomas, *La langue du droit romain. Problèmes et méthodes*, APD, t. 19, 1974, p. 111.

2. *Ibid.*, p. 105.

la question s'est posée de savoir si l'on pouvait en tirer la solution des problèmes d'interprétation. Or, comme le montre le « Dialogue à trois voix » opposant Michel Villey, Georges Kalinovski et Jean-Louis Gardies[1], cette question est à la fois théorique et pratique puisqu'il s'agit d'un côté de savoir si l'instrument formel peut énoncer tous les arguments susceptibles d'être utilisés par un juriste dans le traitement d'un cas d'espèce, et de l'autre, de savoir si le raisonnement formel est similaire au raisonnement naturel de l'interprète, bien qu'à la fois plus précis et plus lent, ou s'il en est au contraire à ce point différent qu'il n'aboutirait à rien de positif s'il venait à être employé. La réponse au problème théorique est immédiate puisque les concepts spécifiques de la logique déontique s'ajoutent simplement à ceux du calcul des propositions et du calcul des prédicats. Rien n'est donc changé du point de vue des relations genre/espèce et du raisonnement de subsomption. Celle du problème pratique fut au contraire longtemps débattue parce que la conception intuitiviste et pragmatique du raisonnement juridique défendue par M. Villey et C. Pérelman[2] dans sa *Nouvelle rhétorique*, s'oppose à la conception classique du raisonnement de subsomption en ce qu'elle soutient que l'interprète procède par syllogisme régressif et non par syllogisme déductif lorsqu'il lui faut trouver la solution d'un cas d'espèce. Comme l'écrivait le Doyen Carbonnier dans son

1. Archives de Philosophie du Droit, *L'interprétation dans le droit*, t. 17, Sirey, 1972.

2. C. Pérelman. *Etudes de logique juridique*, Bruxelles, Bruylant, 1961. *La logique juridique – nouvelle rhétorique*, Paris, Dalloz, 1979. Archives de Philosophie du Droit, *L'interprétation dans le droit*, *op. cit.*, p. 29-37 (*cf.* l'intuitivisme du dernier paragraphe).

Manuel de Droit civil[1] : «... à l'inverse du syllogisme classique, où ils [*i.e. les juges*] devraient descendre de la règle de droit à la décision concrète, ils commencent par poser la décision concrète qui leur paraît humainement désirable, et s'efforcent de remonter ensuite jusqu'à une règle de droit. C'est le syllogisme régressif ». Toute la question est donc ici de savoir si le jugement judiciaire (et plus largement, l'interprétation qu'il suppose), se réduit à ce processus psychologique ou si ce dernier n'est qu'une composante superficielle d'un acte cognitif qui s'opère de manière elliptique par le biais d'un enthymème dans les cas évidents, mais qui correspond malgré tout au syllogisme déductif lorsqu'on en met au jour les étapes implicites. En effet, quand l'interprétation d'un cas est évidente, c'est-à-dire quand sa catégorie de rattachement apparaît immédiatement, il est pragmatiquement inutile de détailler les temps du raisonnement permettant de le relier à cette dernière. On peut donc énoncer directement sa conclusion normative, c'est-à-dire la décision concrète, comme si cet aboutissement du raisonnement resté à l'état implicite était le véritable début du raisonnement judiciaire. Mais il s'agit seulement d'un effet psychologique de l'instantanéité de l'intuition et non d'une réfutation de l'ordre syllogistique, puisqu'il suffirait de compliquer le cas pour voir réapparaître, non le syllogisme déductif qui suppose connue la catégorie de rattachement, mais le syllogisme inductif grâce auquel on détermine précisément celle-ci, en remontant des propriétés essentielles vers la catégorie juridique qui les comprend toutes, sans en omettre ni en ajouter aucune. Plus précisément encore, la thèse intuitiviste consiste à soutenir que le juge trouve la solution

1. J. Carbonnier, *Droit civil*, Paris, P.U.F., 2004, vol. 1, § 9.

interprétative d'un cas difficile par le biais d'une reconnaissance immédiate du type général dont il relève, puis recherche
les arguments formels permettant d'établir que cette réponse
est celle qui convient à l'espèce. Il ne s'agit donc pas d'une
divination irrationnelle puisque cette perception intuitive du
bon schème est un effet de l'expérience personnelle du juge, et
il ne s'agit pas non plus d'un processus analytique de reconnaissance des propriétés essentielles, suivi d'une déduction de
la catégorie de rattachement par identification du décrit au
décrivant. Mais si l'on peut accorder qu'une telle description
traduit mieux l'intégralité du processus cognitif de reconnaissance d'une catégorie de rattachement que ne le fait son
assimilation à une simple déduction opérée à partir d'une catégorie déjà définie, cela n'enlève rien au fait que la difficulté
essentielle est ici de garantir l'objectivité de la solution. Toute
intuition ne convient pas en la matière. Il faut au contraire
découvrir celle qui fournit le schème ou le prototype de la
solution adaptée à l'espèce et en prouver ensuite le bien-fondé
au moyen d'arguments résistant à la critique. Les possibilités
d'objectivation des hypothèses sont donc une exigence fondamentale de la discipline interprétative et ce n'est pas sans
risque qu'on prétendrait les réduire à de pures créations subjectives et arbitraires, comme ont pu le faire ceux qui ont confon-
du indûment les interprétations juridique et artistique en
prenant prétexte du fait qu'on leur applique indistinctement le
terme *d'interprète*, parce que leurs degrés respectifs d'autonomie ne sont pas les mêmes. Alors que l'artiste est autorisé à
réinterpréter l'œuvre de l'auteur au point de la recréer, quand
l'on ne voit dans cette dernière qu'un simple matériau (ce
qui conduit M. Troper, à soutenir, au nom d'une conception
radicale du réalisme juridique, que l'interprétation d'une règle
de droit en définit le contenu réel), le juriste est confronté à une

situation précise posant un problème social objectif pour la résolution duquel le législateur a conçu une solution énoncée en termes généraux et dont il délègue l'application aux cas non prévus par lui, dans les limites de la flexibilité des termes. M. Villey en avait d'ailleurs perçu le principe, même s'il n'en tirait pas les bonnes conclusions, lorsqu'il avait remarqué que ce ne sont pas les parties structurées et codifiées du droit de Justinien (*cf.* les *Institutes*), qui ont été le plus longtemps utilisées par les législations modernes, mais bien ce qui en est le plus étranger, à savoir la compilation des sentences de jurisconsultes réunies dans le *Digeste*. La raison en est qu'elles peuvent jouer le rôle de véritables prototypes permettant d'envisager *in concreto* ce que peut être la catégorie de rattachement d'un cas dont l'interprétation pose problème, dès lors que leurs propriétés essentielles s'y trouvent et qu'on peut y transposer analogiquement la solution qu'elles proposent. Il s'agit évidemment ici d'un processus de catégorisation informelle constituant le premier moment du raisonnement interprétatif, et qui repose sur le constat d'une ressemblance ou d'une analogie entre la situation nouvelle et la situation déjà connue dont l'unité catégorielle apparaît de façon prototypique. Ce premier moment serait suivi du second visant à confirmer (ou à infirmer) cette relation analogique de subsomption en constituant (ou en montrant qu'on ne peut constituer) la chaîne d'arguments syllogistiques allant cette fois-ci déductivement du genre à l'espèce. L'erreur n'est donc pas de prétendre tirer l'espèce inconnue de la catégorie connue par syllogismes, mais d'oublier que ce moment déductif de confirmation et d'exposition doctrinale est chronologiquement précédé du moment proprement inventif de la catégorisation fondé sur la reconnaissance d'une identité générique commune à la nouvelle espèce et au prototype.

En un mot, c'est d'oublier que la Dialectique interprétative des jurisconsultes réunissait la démonstration et l'invention et qu'elle procédait par déduction, induction, enthymème et présentation d'exemples.

On peut donc à la fois consentir à la plupart des thèses du *Legal Realism*[1] et de la *Sociological Jurisprudence*[2] américaine, et n'y voir en même temps qu'une expression incomplète et approximative du processus réel de l'interprétation juridique. On accorde qu'il soit possible de soutenir comme Hart, que «Les énoncés linguistiques généraux dotés d'autorité dans lesquels une règle se trouve formulée, peuvent ne fournir que des lignes de conduite incertaines, presque au même titre qu'un exemple faisant autorité. L'idée selon laquelle le langage de la règle nous permet de repérer en toute simplicité des cas d'application facilement reconnaissables, s'effondre sous cet angle; les notions de subsomption et de conclusion tirée d'un syllogisme ne caractérisent plus le nerf du raisonnement emprunté pour déterminer le comportement qu'il convient d'adopter. Dès lors, le langage de la règle paraît plutôt se borner à désigner un exemple faisant autorité, à savoir celui qui constitue le cas évident… Le pouvoir d'appréciation que lui [*i.e. l'interprète*] laisse ainsi le langage peut être très

---

1. R. Dworkin et H. L. Hart en sont les héritiers contemporains. Voir du premier : « L'empire du droit », Paris, P.U.F., 1994, et du second : « Le concept de droit », Publications des Facultés universitaires Saint-Louis, Bruxelles, 1994.

2. Les plus connus en sont O. W. Holmes (1841-1933) et R. Pound (1870-1964). On trouvera une excellente synthèse des deux courants dans l'article de F. Michaut. *Le rôle créateur du juge selon l'École de la « Sociological jurisprudence » et le mouvement réaliste américain. Le juge et la règle de droit*, Revue Internationale de Droit comparé, 2. 1987.

large de telle façon que, s'il applique la règle, la conclusion, même si elle n'est pas arbitraire ou irrationnelle, résulte effectivement d'un choix »[1]. Mais on nie qu'il suffise de dire que l'interprétation des *hard cases* diffère de celle des *cas standards* où la subsomption de l'espèce sous le genre s'opère immédiatement, en ce qu'elle requiert un choix ni arbitraire, ni irrationnel de l'interprète, bien qu'indéterminé, car cela ne permet en rien de comprendre comment l'on opère rationnellement le tri des solutions possibles pour trouver celle compatible avec toutes les données du problème, qu'elles soient systémiques (harmonie des solutions), empiriques (contraintes d'ordre public), ou normatives (hiérarchie des normes). Il ne suffit pas non plus d'ajouter, comme Dworkin critiquant Hart, que le droit contient des principes généraux auxquels l'interprète peut recourir lorsqu'il se trouve en face d'une lacune ou d'un conflit de règles, car la question est précisément de savoir quels sont les raisonnements utilisables en pareil cas. Certes, Dworkin a raison de critiquer Hart et de soutenir que le droit ne se réduit pas à un ensemble de règles applicables dans les cas standards et défaillantes dans les *hard cases*, puisqu'on dispose également de principes plus généraux, déjà formulés par la tradition scolastique dans ses maximes, adages et brocards. Mais toute la difficulté est de savoir lequel choisir. Et faute de savoir répondre précisément à cette question, comme le faisaient pourtant les traités des topiques du XVIᵉ siècle, on est inévitablement conduit à valoriser les motivations subjectives du juge-interprète et à passer insensiblement du préférable en soi, à ce qu'il préfère personnellement

---

1. H. L. Hart, « Le concept de droit », *op. cit.*, p. 158-159.

(*cf.* le « cas pour l'ami » de Tiraqueau[1]), puis aux déterminants subjectifs et pathologiques de ses préférences (et c'est alors la thèse du « déjeuner du juge » censé conditionner sa décision). Il suffirait de pousser jusqu'au bout cette conception du paradigme herméneutique pour que l'interprétation cesse d'être une activité poiétique soumise aux règles rationnelles d'une technique conforme aux cadres sémantiques des énoncés du législateur, pour devenir finalement une pure *praxis* donatrice arbitraire de sens.

On en connaît deux expressions contemporaines. La première, assez modérée, prend elle-même deux figures. D'un côté, celle des auteurs qui soulignent la part d'indétermination des notions à contenu variable[2] que le législateur conserve ou tolère dans la formulation de certaines normes fondamentales pour pouvoir les appliquer plus librement selon les cas (*cf.* « l'ordre public »), ou qu'il introduit afin d'encadrer souplement les transformations imprévisibles d'une nouvelle technologie ou d'un nouveau comportement social. De l'autre, celle des héritiers de la *Nouvelle rhétorique* de Pérelman qui élargissent la théorie de l'interprétation pour y faire entrer la pragmatique, et remplacent l'ordre incontestable de la démonstration par celui, pragmatique et ludique, des stratégies de persuasion impliquées dans toute prise de décision[3]. Mais

---

1. A. Tiraqueau (1483-1558). *De l'atténuation ou de la remise des peines conforme aux lois et aux statuts*, Lyon, 1559, cause 17. *Cf.* la traduction commentée d'A. Laingui, *Le De poenis temperandis de Tiraqueau (1559)*, Paris, Economica, 1986.

2. C. Pérelman et R. Vander Elst. *Les notions à contenu variable en droit.* Bruxelles, Bruylant, 1984.

3. M. Van de Kerchove et F. Ost, *Le système juridique entre ordre et désordre*, Paris, P.U.F., 1988; *Le droit ou les paradoxes du jeu*, Paris, P.U.F., 1992.

indépendamment de leurs différences respectives, toutes deux rencontrent les mêmes difficultés lorsqu'il s'agit de concilier cette fluidité informelle de la pratique judiciaire et l'impératif d'intérêt général. Peut-on, en effet, sous prétexte d'incompétence du législateur ou d'adaptation du droit, remplacer les catégories stables qu'exige la prévisibilité des solutions par les standards techniques qu'une profession applique empiriquement pour mieux s'en affranchir lorsqu'ils ne satisfont plus ses intérêts, sans lui reconnaître le pouvoir exorbitant de définir elle-même les normes qu'elle devra respecter ? Même si la doctrine française a fini par s'apercevoir, comme l'écrivait le Doyen Carbonnier, « que le droit était plus flexible que la codification ne l'avait laissé supposer », il demeure que « la flexibilité est peut-être affaire de moment et de contexte ; les adultes savent bien qu'il n'est qu'un temps pour jouer ; bientôt reprennent les dures obligations inhérentes aux métiers du droit positif » [1].

La seconde, beaucoup plus radicale et largement discutée dans le monde juridique contemporain, est celle de la *Théorie réaliste de l'interprétation* de M. Troper qu'on a mentionnée plus haut. On y soutient que la signification normative d'un énoncé du législateur définie par un interprète authentique est indépendante du contenu cognitif de cet énoncé. La raison en est simple. Si la formulation de la norme était l'expression du contenu sémantique de l'énoncé d'un législateur, l'interprète authentique serait linguistiquement contraint de la donner et pourrait être critiqué en cas d'erreur. Or, cet interprète n'est pas soumis par définition à une autorité de contrôle qui rectifierait ses interprétations, puisque ce serait alors cette

---

1. J. Carbonnier, *Droit civil, op. cit.*, p. 26.

dernière qui serait l'interprète authentique. Il est donc
« l'auteur de la norme qu'il est chargé d'appliquer »[1], c'est-à-
dire, celui qui attribue la signification normative de l'énoncé
en interprétant le texte dans le sens qui lui plaît. L'incohérence
de certaines interprétations authentiques n'est donc pas une
erreur, mais le corrélat d'une liberté essentielle de l'interprète résultant « de sa capacité de produire des interprétations sans appel, qui s'imposent même lorsqu'elles vont contre
la compréhension commune ou le langage ordinaire »[2]. De
nombreuses critiques lui ont été adressées. Certaines, comme
celle d'Etienne Picard[3], s'appuient sur la conception classique
de l'interprétation/*adequatio rei*, pour reconstituer le lien entre
le contenu sémantique d'un énoncé et sa valeur normative. S'il
est incontestable qu'un énoncé législatif ne devient une norme
contraignante qu'à partir du moment où une interprétation
authentique en a été donnée, cela n'implique pas pour autant
que cette signification à valeur contraignante soit sémanti-
quement indépendante de la signification non contraignante
qu'elle avait initialement. Sinon, pourquoi perdre du temps en
travaux et commissions parlementaires, et pourquoi ne pas se

---

1. M. Troper, « Théorie réaliste de l'interprétation », *op. cit.*, p. 29.

2. *Ibid.*, p. 31. Cf. *supra*, « Comme l'a dit très justement le juge Jackson, certaines décisions de la cour suprême des Etats-Unis seraient sans aucun doute réformées s'il existait une super cour suprême et la cour ne se voit pas confier le pouvoir de statuer en dernier ressort parce qu'elle est infaillible, mais elle est au contraire infaillible parce qu'elle a le dernier mot. » On voit ici clairement comment la thèse de l'infaillibilité normative, c'est-à-dire le pouvoir de définir souverainement, se substitue à l'infaillibilité cognitive, c'est-à-dire aux conditions d'une interprétation objective.

3. E. Picard dans *L'office du juge*, *op. cit. Contre la théorie réaliste de l'interprétation juridique*, p. 42-115. G. Just, *Interpréter les théories de l'interprétation*, Paris, L'Harmattan, 2005, p. 145-215,

contenter de quelques mots dépourvus de sens servant de point de départ aux libres créations de l'interprète authentique? D'autres critiques, comme celle d'O. Pfersmann[1], s'appuient sur une conception orthodoxe de la théorie kelsénienne pour contester le fait qu'un interprète authentique puisse interpréter librement toute norme, puisque cela devrait alors s'appliquer à celle définissant sa propre légitimité. Cela étant impossible, cette liberté n'est pas absolue, mais strictement délimitée par un impératif de cohérence générale. Plus fondamentalement, toutes s'accordent ici sur la nécessité de distinguer nettement la contrainte juridique de la contrainte épistémique, pour libérer l'interprète authentique de la première tout en le soumettant conditionnellement à la seconde. Toutes reconnaissent, en effet, que le pouvoir de déterminer souverainement la norme à partir des énoncés du législateur pris comme matériau, ne libère pas des contraintes épistémiques de cohérence impliquées par le fait d'être compris pour être obéi. Et bien qu'une interprétation délirante crée autant une obligation normative qu'une interprétation rationnelle, leur pérennité n'est pas la même. Seule la seconde se maintient à long terme parce que sa cohérence répond aux objectifs de prévisibilité et d'harmonie des solutions qui s'imposent fonctionnellement aux interprètes successifs.

Si l'on considère, finalement, l'évolution des conceptions en matière d'interprétation juridique depuis le XVe siècle, on constate ainsi l'existence d'un mouvement de balancier accompagné d'oublis fréquents de l'acquis des périodes

---

1. O. Pfersmann, *Contre le néo-réalisme juridique. Pour un débat sur l'interprétation*. RFDC, n° 50, 2002, p. 279 *sq.*; *Une théorie sans objet, une dogmatique sans théorie. Réponse à Michel Troper*, RFDC, n° 52, 2002.

antérieures. Les écoles de la *Libre Recherche* en France et du *Libre Droit* en Allemagne, ainsi que la *Sociological jurisprudence* et le *Réalisme juridique* aux États-Unis, se sont opposés au conceptualisme de la méthode analytique (*Begriffjurisprudenz*) et au légalisme de l'École de l'Exégèse. Ils ont soutenu que la solution des cas difficiles n'était pas tout entière dans les règles déjà définies, mais relevait d'un choix opéré par l'interprète d'après certains principes supérieurs. Toute la difficulté fut alors de délimiter strictement la marge de manœuvre de cet interprète et de ne pas transformer la nécessité qu'il avait d'opérer un choix, en licence génératrice d'exceptions et de déréglementation du droit. Ce passage de la profusion casuistique à la rigueur des codifications s'est opéré dans les deux sens, du XVᵉ au XXᵉ siècle. Devant la prolifération des coutumes et la difficulté d'accorder les statuts, les juristes des XVᵉ et XVIᵉ siècles ont tenté plusieurs voies, allant de l'acceptation de l'hétérogénéité à la réduction des diversités. Cela a donné, tantôt la solution du *cas pour l'ami*, c'est-à-dire la réponse *ad hoc* ou le juge tranche l'affaire en fonction de choix subjectifs, par défaut de règle décisive applicable à l'espèce, tantôt l'utilisation des topiques juridiques, autrement dit, les arguments prototypiques constitués par accumulation puis catégorisation de solutions traditionnelles rapportées à leur catégorie de rattachement. Tantôt enfin, diverses tentatives d'unification des coutumes et des lois. L'apparition des droits nationaux codifiés au cours des XVIIIᵉ et XIXᵉ siècles a conduit ensuite à faire de la loi, l'unique source du droit. L'interprétation s'en est trouvée réduite au second moment de la Dialectique, celui de la déduction ou l'on applique des catégories déjà constituées aux cas d'espèce, en postulant la plénitude logiquement nécessaire de la loi. Les inévitables difficultés qui résultèrent, notamment du fait des conflits de lois en droit civil et en droit international privé, ont favorisé la renaissance, souvent non perçue comme telle, d'une conception scolastique de l'interprétation juridique. Ceux qui oubliaient qu'elle implique les deux raisonnements d'invention et de démonstration, et qui voulaient, soit dépasser les limites légalistes de l'école analytique, soit pousser la thèse normativiste de la séparation des faits et des normes à ses dernières conséquences, ont défendu le principe d'une libre interprétation. D'autres difficultés, inhérentes à l'objectivation des interprétations souveraines, en ont résulté. Ceux qui, au contraire, respectaient cette double contrainte parce qu'ils utilisaient encore les ressources de la théorie classique de l'interprétation, ont tenté de compenser les limites des catégorisations prédéfinies en améliorant leurs possibilités d'expression de la singularité et de la généralité. Une meilleure prise en compte des circonstances s'en est suivie dans le premier cas, tandis qu'une plus grande attention aux standards en a résulté dans le second. Il leur manquait seulement de savoir comment ne pas désagréger le droit en une poussière d'espèces ou ne pas le perdre dans la formulation de catégories imprécises. Là encore, le retour aux méthodes scolastiques d'interprétation juridique, notamment celles portant sur la catégorisation des circonstances et l'utilisation topique du raisonnement *a simili*, permettrait sans doute, d'assurer une plus grande prévisibilité des solutions.

TEXTES ET COMMENTAIRES

TEXTE 1

GAMMARUS
Du lieu par l'interprétation ou par l'étymologie. Livre 1 [1].

Les législateurs, qu'ils soient de droit canonique ou de droit civil, traitent des différentes interprétations des termes et des décisions dans les titres qui sont réunis dans le *De la signification des termes et des choses*, C. 6.38. D'autres Docteurs ne pratiquèrent pas moins cette partie lorsqu'ils clarifièrent leurs commentaires. Et il n'en manque pas qui rédigèrent de forts volumes sur ce sujet. En effet, la valeur de l'interprétation des Prudents est telle que nous disons que ce qui est déterminé par la loi s'étend jusqu'à comprendre tout ce qui déterminé par l'interprétation des Prudents, comme le disent les Inst. 1.17. Je noterai par conséquent quelques règles générales sur cette matière de l'interprétation et je parlerai tout d'abord du lieu qui la concerne.

Dans l'interprétation du droit, il faut considérer en premier l'intention du législateur et s'en écarter le moins possible, même lorsque les termes s'opposent, D. 27.1. 13.2 ; idem, si les

---

1. P. A. Gammarus, *Dialectique légale ou les trois livres des topiques*, Leipzig, 1522, p. 15-20 (notre traduction).

termes de la loi ont un sens donné et que l'intention du testateur veuille autre chose, D. 1.3. 17, Décrétale V. 40.6; en effet, ce sont les termes qui servent l'intention et non l'intention qui sert les termes, voir Décrétale II. 28.41.

Quand nous n'avons pas l'intention du disposant, nous interprèterons d'après l'acception commune des hommes, voir D. 32.1. 52 § 4 et sa glose, D. 50.16.162 dernier paragraphe, et D. 33.7. 18 § 2. Et j'estime que cela se fait conformément à la droite raison, afin que les propriétés d'un terme puissent être réduites ou étendues par une intelligence ordinaire, de la même façon qu'elles sont déterminées par elle. C'est ce qu'a dit Horace dans la Poétique.

> Nombreux sont ceux qui renaissent alors qu'ils sont en désuétude
> Et tombent les mots qui sont actuellement en vogue, lorsque l'usage le veut,
> Car cet arbitre l'a entre ses mains, comme il a leur sens et les normes du discours.

Il faut cependant souligner un point, à savoir que si nous voulons interpréter les termes énoncés par l'homme, nous suivrons l'usage commun du lieu où ils ont été utilisés; de sorte que si ce sont les termes d'une loi, notre interprétation sera conforme à l'usage habituel des gens instruits en Droit puisqu'ils n'ont pas été énoncés pour un lieu spécial, voir le Sexte 1.2. 2; c'est ce que dit D. 1.3. 7. Si, ni l'intention, ni un usage quelconque ne l'indiquent, nous ne nous écarterons pas de la signification propre des termes, D. 32.1. 69, D. 32.1. 25, D. 14.1. 1 § 19, Décret de Gratien, 1re partie, D. XXI. Mais du fait qu'il n'apparaît pas de façon suffisamment claire quand une expression est dite propre ou impropre, j'introduis immédiatement des règles grâce auxquelles ceux qui savent comment apparaît l'impropre, sauront quelle est l'expression propre. En effet, l'Empereur enseigne dans les Inst. 1.8 que la science des contraires est la même. Nous appelons impropre, l'expression qui s'écarte de l'effet spécifique de la chose qu'elle doit indiquer par elle-même, D. 12.1. 20. Idem, quand un terme est mis à la place d'un autre qui est différent, D. 19.2. 15. De même, une expression est dite impropre lorsqu'il faut sous-entendre *quasi* ou *presque* dans un terme exprimé simplement : comme lorsque nous mettons *usufruit* pour ce qui est un quasi-usufruit, comme dans D. 7.5. 2 et dans D. 12.2. 11. De même, est impropre l'expression qui, ou bien signifie autre chose que ce qu'elle fait entendre, comme dans la Décrétale V. 19.16 où l'on a *la dot évaluée* à la place de *la dot à évaluer*, et C. 6.24.1, ou bien qui a coutume d'être utilisée seulement de manière figurée. On en a des exemples dans la glose de la Décrétale V. 40.10. A cause de cela, Dyno [de Mugello] a dit que dans D. 50.16.1, le masculin comprend le féminin, plus du fait d'une impropriété de langage que du fait de la raison d'un discours cohérent ; voir l'argument de D. 34.2. 8, dont Bartole discute magistralement le fait de savoir s'il est vrai, dans son commentaire de D. 50.16.1 déjà cité, où il fait merveilleusement comprendre si et quand le masculin comprend le féminin. Parmi d'autres impropriétés de langage, nous rangeons assurément ce qui est dit de façon ironique. Voir là dessus C. 1.14.

Nous sommes facilement avertis par les considérations précédentes qu'un énoncé qui est dit au sens propre, est celui qui s'énonce conformément à son contenu spécifique, et alors que tous les obstacles recensés auparavant ont disparu. Il importe en effet, pour les choses dont nous venons de parler, qu'elles soient formées de termes connus, c'est-à-dire, conformes, voir les Inst. 2.7 et le début de l'*Ethique* d'Aristote.

D'autre part, la vraisemblance n'a pas coutume d'avoir une faible utilité pour la clarification des lois; on en parlera plus loin dans le lieu qui lui est consacré, tout comme on parlera de la rubrique. Il faut ajouter à cela qu'une dénomination qui convient à une espèce n'est propre qu'à elle, D39.5.1. Car en tant que genre, le terme *donation* convient aussi au legs, mais pourtant de façon impropre comme en D.31.36. On en conclut que les termes impropres disparaissent dans une définition. De même, la nature propre du vocabulaire est d'être une certaine propriété attribuée par l'intellect à un énoncé, qui le rend capable d'exprimer spécifiquement un concept de l'esprit; voir le commentaire de Balde sur D.1.1, 3e colonne, 3e opposition, vers la fin. Sur la question de savoir si un terme est contenu dans un autre et si les termes énoncent les propriétés et les impropriétés, voir la fin de la 3e colonne du commentaire de Jason de Mayno sur la fin de D.28.2.29. De même, voir D.50.16.206 & 77 sur l'expression *ce que la loi appelle le propre, est considéré comme étant le propre*. De même, dans la 21e colonne de son commentaire sur D.1.9, *cf.* les termes *je demande d'où l'on conclut*, Bartole dit que ce que la loi appelle le propre, est le propre. Balde en parle aussi, et il dit dans la 2e colonne de son commentaire sur C.6.61.5, que la formulation qui est propre est celle qui résulte de sa définition. Une autre conclusion non triviale et à ne pas négliger ici se présente : à savoir que là où une nouvelle loi apparaît, il faut la comprendre conformément à l'interprétation des anciennes, d'après les termes de celles qui sont plus vieilles, comme c'est dit à la fin de l'Authentique 3.6, *Novelle* 19. De même, nous ne passerons pas sous silence cet autre fait voulant qu'en raison de la diversité des sens du mot espèce, nous interprétions la diversité conformément à l'effet juridique, *cf.* D. 35.1. 100, C. 6.36.7, Gratien, c. 11. D.XXXI. Une fois ces points brièvement exposés, il importe d'orienter maintenant notre discours vers le lieu de l'interprétation qui a été annoncé. Dans ce qui a été dit plus haut, l'interprétation est envisagée de façon plus générale; mais ici, elle est conçue comme l'exposition ou la présentation d'un nom moins connu, par un autre nom plus connu, et beaucoup de nos hellénisants appelèrent ce lieu : *par l'étymologie*. Tullius Cicero, accablé (à mon avis), par une difficulté de vocabulaire, préféra appeler ce lieu : *par la note*. Cette interprétation contient deux espèces. La première est celle qui se convertit avec l'interprété, comme dans le cas de la définition; et l'on en tire un argument en affirmant et en niant, comme dans : celui-ci est élu par choix divin, donc c'est un clerc; car on dit qu'un clerc, c'est celui qui est élu par choix divin, Gratien, c. 1. D.XXI. De même, toute personne qui est élue par choix divin est apte à recevoir des bénéfices ecclésiastiques; Titius est élu par choix divin, Titius est donc apte à recevoir des bénéfices ecclésiastiques. Idem, tu n'es pas élu par choix divin, tu n'es donc pas clerc. La Règle est la suivante : tout ce qui est affirmé ou nié d'une interprétation convertible, nous le disons aussi de l'interprété. La seconde espèce d'interprétation est celle qui ne se convertit pas avec l'interprété; comme par exemple : *c'est un testament, c'est la volonté du testateur*, ne se convertit pas en *c'est l'intention du testateur, c'est donc un testament*, comme nous l'apprend le début des Inst. 2.10. Il faut donc employer ici la distinction que nous enseigna Raphael Cumanus dans son commentaire de D. 41.2. 1. En effet, ou bien une interprétation de ce genre s'obtient à partir d'un accident, c'est-à-dire d'un événement et aucune argumentation n'en résulte, car on ne prouve pas h, c, q à partir de h, c, en vertu de la Décrétale I. 7.2, ce qu'approuve

D. 50.16.183. En effet, un magasin est appelé ainsi en considération de ses accidents, et en tout premier lieu, du fait des planches qui le délimitent, et pourtant on n'a pas la consécution : c'est un magasin, donc, il est entouré de planches, ou encore : ce n'est pas entouré de planches, donc ce n'est pas un magasin, car d'autres habitations sans planches sont appelées magasins. Ou bien cette interprétation est tirée de l'essence et dans ce cas, l'argument de l'interprétation à l'interprété vaut négativement, comme dans : le cheval qui m'appartient ne devient pas tien du fait d'un commodat, donc, ce n'était pas un mutuum ; mais ce raisonnement ne vaut pas affirmativement. La Règle est la suivante : l'interprété est supprimé pour ce dont on supprime l'interprétation essentielle, D. 12.1. 2 § 2. L'argument vaut seulement de façon affirmative, de l'interprété à l'interprétation, comme dans : c'est un mutuum, donc il est devenu tien après avoir été mien ; c'est un testament, donc c'est l'expression de l'intention du testateur, Inst. 2.10 § 1. On ajoutera sur ce point, non sans élégance, la question de savoir si les termes qui se disent à partir de l'acte même, se convertissent avec leur propre formulation, de sorte qu'on tire une conséquence de l'un à l'autre comme suit : il enseigne, donc c'est un Docteur, car un Docteur, c'est celui qui enseigne. Bartole a dit dans l'avant-propos de son commentaire du *Digeste* qu'il y avait certains termes qui ajoutaient une certaine dignité en plus de l'acte ; Cette dignité n'était nullement impliquée par l'acte seul et elle n'impliquait pas non plus l'acte. En effet, il ne s'ensuit pas que celui qui enseigne soit un Docteur, ni qu'enseigne celui qui est un Docteur. Mais en dehors de ce cas, l'un est toujours impliqué par l'autre, comme il le dit lui-même et comme le droit canonique l'enseigne à la fin de la Décrétale II. 1.1.

DU LIEU PAR LA DÉFINITION

Prise au sens large, la définition englobe toute la désignation de la substance, autrement dit, s'obtient soit grâce aux propriétés essentielles de la chose, soit grâce à ses propriétés accidentelles. Il en résulte la description et la définition de ce qu'est le nom et que Boèce couvre largement dans ses *Topiques*. Mais prise au sens propre, la définition est ce qui explique la substance d'une chose par ses propriétés essentielles, voir les auteurs suivants : Car. [*Cardinalis*, i.e. *Hostiensis*] dans sa *repetitio* de la Décrétale V. 39.23, Bartole dans son commentaire de D. 22.5. 1, Aristote dans le 6ᵉ livre des *Topiques* et Boèce dans son second livre. Ceci étant, du fait que de nombreux auteurs concevaient de cette façon les règles de la définition, les définitions de nos jurisconsultes, qui n'auraient pas dû s'appeler définitions, mais descriptions, furent ainsi amenées à s'opposer, parce que la définition donne l'essence de la chose tandis que la description circonscrit son extension, voir Balde à propos de C. 6.28.4. En effet, nos Prudents préférèrent utiliser la description plutôt que la définition dans de nombreux cas, parce que cette dernière est toujours dangereuse en droit, D. 50.17.202. La définition doit par conséquent donner la substance de la chose et l'exprimer par le genre propre. Il convient en plus d'introduire une ou plusieurs différences dans la mesure où nous voulons distinguer une espèce donnée, des autres qui sont contenues dans le même genre, comme on le voit dans toutes les définitions des jurisconsultes. J'en tire cette autre conclusion que la définition doit seulement embrasser ce qui est tel qu'il est et non ce qui l'est presque. Cela est approuvé dans les *Institutes* 4.5 où le méfait est défini de telle sorte que cette définition ne correspond pas au quasi-méfait, et dans la dernière loi de

C. 3.28 ou la définition du *peculium castrense*[1] ne contient pas celle du *peculium quasi castrense*, puisque l'un est obtenu dans les camps tandis que l'autre l'est à l'extérieur des camps. Et bien qu'on estime que deux dispositions peuvent être équivalentes du point de vue juridique, *cf.* D. 15.1. 3 § 11, le fait d'être tel est cependant différent du fait d'être tenu pour tel, voir D. 50.16.207, D. 48.5. 16 § 1, et voir la note de Bartole sur cette dernière loi. Bien plus, il n'est pas toujours vrai que ce qui est disposé en tel cas, ait lieu en tel autre cas, voir Gratien, c. 33. question 5. cause 33, dans lequel l'épouse est considérée comme étant presque une servante du mari, alors que le droit dispose pourtant différemment au sujet de la servante et au sujet de l'épouse ; idem, voir C. 2.13.11 et sa glose, où un tuteur ne peut nommer un procurateur pour gérer les biens d'un pupille, en raison du fait qu'il n'est pas le vrai propriétaire, alors qu'il en est pourtant le quasi-propriétaire, D. 41.4. 7 § 3. En outre, il faut souligner qu'il y a une différence, parce qu'une chose ne doit pas être définie par ses effets, voir ce que dit Balde à propos de D. 49.1. 1. Car la cause est une chose et l'effet en est une autre, D. 3.3. 42 § 2, D. 44.2. 14. Certains de nos Docteurs, parmi les modernes, ont soutenu qu'une chose pouvait être définie par ses effets s'ils adhéraient indissoluble- ment à la cause, en vertu du texte de D. 37.1. 3 § 2 où le juris- consulte affirme qu'on définit correctement la possession des biens en disant qu'elle est un droit de rétention, bien que ce droit de rétention soit un effet de la possession des biens. Mais on peut répondre à ce raisonnement des modernes que le jurisconsulte a retenu ici une description à la place d'une définition. Il existe en effet de nombreuses choses que nous

---

1. Pécule versé au militaire stationné dans un campement.

comprenons et désignons par leurs propriétés accidentelles et leurs effets, parce qu'elles n'ont pas de différences essentielles ou, si elles en ont, parce qu'elles ne sont pas connues. Cependant, on dit que ces choses ne sont pas à proprement parler, définies, mais décrites, comme on le soulignera ci-dessous. La nature d'une définition est telle qu'elle convient seulement et toujours à la chose définie.

COMMENTAIRE

La forme de ce texte du canoniste Gammarus peut sans doute dérouter le juriste contemporain voyant l'importance qu'on y accorde à l'opinion des Docteurs et surtout aux explications philosophiques qu'on évite actuellement d'introduire explicitement dans les commentaires de lois ou d'arrêts. Les juristes du XVIᵉ siècle n'avaient pas ces scrupules, car l'apprentissage de la Dialectique, c'est-à-dire essentiellement l'*Organon* aristotélicien réinterprété par les scolastiques et mêlé de cicéronisme, constituait le cœur de leur formation rhétorique. Il leur était donc naturel de présenter les arguments et les interprétations d'après les règles de la démonstration. Ils partaient ainsi des définitions et des auteurs les ayant énoncées, pour en tirer les applications aux cas d'espèce[1]. Il était, d'autre part, normal de faire état de la doctrine et de ses plus illustres représentants puisqu'elle formait une de sources du droit. L'allure générale du livre dont provient ce texte, s'en ressent naturellement. C'est l'un des premiers à avoir traité les cas juridiques en appliquant spécifiquement les concepts et

---

1. En langage juridique, « l'espèce » désigne un cas particulier et non une collection de cas ayant une unité, c'est-à-dire un genre.

modes de raisonnement de la scolastique aristotélicienne, et
plus particulièrement les schémas d'argumentation que sont
les topiques (*topoi*), conformément aux deux temps de l'invention et de la démonstration. Dans le premier, à fonction unificatrice et simplificatrice, l'interprète-théoricien s'efforce de
reconnaître la présence de ces schémas d'argumentation dans
la multitude des cas issus de la pratique judiciaire, et dans le
second, à fonction démonstrative, il en tire presque mécani-
quement la solution d'une espèce, par application de la règle
générique reconnue inductivement dans les cas semblables.

Cette théorie de l'argumentation et de l'interprétation
proprement juridiques, fut partagée par de nombreux
Docteurs, souvent civilistes, parce qu'elle avait ses lettres de
noblesse (on en trouve des éléments importants dans les
Topiques d'Aristote et *L'Institution Oratoire* de Quintilien), et
qu'elle était parfaitement adaptée à une législation combinant
casuistique, classification et début de codification. Sa diffu-
sion accompagna par conséquent celle du rationalisme juridique chez les humanistes et elle constituait encore un sujet de
recherche chez certains Docteurs allemands du XVIIe siècle,
notamment de droit saxon (*cf.* Otto et Freigius), après l'avoir
été au siècle précédent chez les Espagnols, les Italiens et les
Flamands. Les raisons d'un tel succès sont multiples. D'un
côté, cette conception logique de l'argumentation paraît s'imposer dans une tradition scolastique où l'on examine les thèses
sous l'angle du *pro* et du *contra* et où l'on accorde une grande
importance à la *communis opinio Doctorum* formatrice du *jus
commune*. De l'autre, la théorie des topiques, soigneusement
distinguée des compilations de *brocards*, *maximes* et *axiomes*
qu'énumèrent les traités de l'époque consacrés à la morale
sociale, est un facteur indiscutable d'unification du *Corpus
juris* puisqu'on y complète les conclusions déductives tirées

du rapport genre/espèce, par les conclusions inductives résultant de l'*extensio legis* et du raisonnement *a simili*. En parcourant le texte de Gammarus, on verrait aisément, d'ailleurs, comment cette convergence de règles d'interprétation permettait aux Docteurs de l'époque, souvent à la fois civilistes et canonistes (*Doctores utriusque juris*), de tirer des conclusions fondées sur la double autorité des lois civiles (*Digeste*, *Codex*, *Institutes* et *Novelles* indiquées ici par les références D., C, Inst. et Nov.), et des lois de l'Église (*Décrétales* et *Décret de Gratien*). La chose allait finalement de soi, car le *De verborum et rerum significatione* du *Codex* pourrait être remplacé par le *De verborum significatione* du *Digeste* (D. 50.16), et son pendant du *Sexte* (*De verborum significatione*, *Sexte* V. 12), puisqu'il s'agit à chaque fois de rappeler le sens proprement juridique que reçoivent certains termes ordinaires, conformément à l'usage d'une tradition interprétative communément acceptée. Tout ceci permet de comprendre pour quelle raison Gammarus commence son exposé en citant l'opinion des Docteurs, autrement dit, attribue à la doctrine, non seulement la fonction réflexive qu'on lui reconnaît dans une conception positiviste du droit, mais également un véritable pouvoir constitutif. Car si « *l'interprétation des Prudents* » dont il parle est bien celle de l'autorité habilitée à dire le droit en cas de doute, les règles que cette dernière applique ne peuvent être arbitraires. Elles résultent, au contraire, d'une lecture rigoureuse des énoncés dont on dispute, conformément aux déductions qu'on peut obtenir en examinant précisément la syntaxe, la sémantique, les relations logiques entre termes et l'*intentio* du disposant. Or, la maîtrise des règles d'interprétation qu'avaient les grands Docteurs en faisait autant d'interprètes autorisés et leurs avis comptaient d'autant plus qu'ils étaient enseignés aux professionnels du

Droit. Il est vrai que l'opinion de Bartole n'est plus invoquée
ici comme celle suffisant en cas de doute, mais il reste qu'une
interprétation doctrinale ne pouvait manquer de s'imposer,
lorsque sa rigueur était à ce point incontestable qu'on ne
pouvait en concevoir d'autre ayant le même degré de vérité. Si
l'on pouvait discuter du nombre d'avis concordants qu'il
fallait avoir pour décider d'un cas, il n'en demeure pas moins
vrai qu'une telle concordance pouvait déterminer le droit
positif, parce qu'elle s'appuyait sur un arrière-fond théorique
indiscuté. En un mot, les règles de l'interprétation savante ne
différaient pas fondamentalement de celles qu'appliquaient les
interprètes dans leurs fonctions judiciaires, comme le montre
en particulier les enchaînements d'exceptions et de réplications contenus dans les traités de procédures, parce que toutes
relevaient des mêmes règles logiques, y compris lorsqu'il
s'agissait de vraisemblance et non plus de vérité. C'est ce que
dit en définitive le passage dans lequel Gammarus soutient que
« la vraisemblance n'a pas coutume d'avoir une faible utilité
pour la clarification des lois » et cela va jusqu'à comprendre le
principe de sommation des degrés de preuves nécessaires à
l'obtention de preuves pleines ou « plus que pleines ».

Mais si la doctrine exerce une fonction régulatrice
éminente dans cette conception savante de l'interprétation
juridique, elle n'a pas pour autant de fonction créatrice
indépendante de la volonté du législateur. Ce dernier peut
s'affranchir des impératifs de la raison sans que ses décisions
cessent d'avoir autorité puisqu'il y a priorité effective du droit
positif sur les nécessités doctrinales. Lire un tel auteur implique donc de garder à l'esprit les deux faits suivants : 1) le terme
ratio legis peut aussi bien désigner la volonté impérative du
législateur (*Princeps legibus solutus est*), que la rationalité de
son objet et de ses motivations. 2) Bien qu'un législateur n'ait

pas l'obligation de se soumettre aux impératifs de la raison, son interprète doit postuler cette rationalité lorsqu'il tente d'énoncer les raisons objectives pouvant éclairer un texte obscur, parce que l'ordre didactique et méthodologique de sa discipline l'y contraint. En effet, la solidité rationnelle de son discours est la condition de sa réception et il en retrouve l'expression constante dans toutes les décisions de jurisconsultes réunies dans le Corpus de Justinien.

Ce texte porte précisément sur ce point. Gammarus y détaille les règles d'interprétation d'énoncés dont il faut chercher la *ratio*, tantôt dans celle du législateur quand elle apparaît clairement, tantôt dans son intention (l'*intentio legis*) quand il faut la déduire de ses déclarations préliminaires, ou des termes de la loi pris dans leur sens habituel, ou, à défaut, de ce qui semble être le plus proche de cette intention et le plus conforme au postulat de rationalité. La validité de l'interprétation résulte ainsi de la pleine compréhension du contenu de pensée du législateur et des termes employés. De même, dans le cas d'une législation coutumière, ce retour à l'origine, garant d'authenticité, prend une forme à la fois concrète et impalpable puisque le critère de sélection des interprétations y devient l'usage, comme l'indiquent les vers d'Horace. N'y a-t-il pas alors une difficulté à concilier les principes du rationalisme juridique avec la référence à cet usage où le « sens des mots » et les « normes du discours » ne paraissent plus résulter des propriétés intrinsèques des concepts et des relations logiques qu'on manie, mais des habitudes irrationnelles et changeantes d'une langue ? Il suffirait alors, semble-t-il, de faire un pas de plus pour en venir à une sorte de réductionnisme linguistique où le discours juridique vaudrait seulement dans le cadre historique et sémantique de son énonciation. D'une position rationaliste visant à mettre en évidence les invariants de l'interprétation, on passerait à un pur conventionnalisme.

Telle n'est pas l'intention de Gammarus, comme le montre la suite du texte. S'il s'appuie sur l'autorité de Cicéron, d'Horace ou d'Aristote, ce n'est pas pour réduire la logique de l'argumentation juridique et de l'interprétation à une simple technique de persuasion détachée de toute rationalité intemporelle. De même, son allusion à la *Poétique* n'a pas pour intention de supprimer la valeur démonstrative des conclusions doctrinales au profit d'une esthétique ou d'une rhétorique des figures de style et des tropes. Certes, leur présence dans de nombreuses décisions de jurisconsultes romains impose d'en tenir compte, mais seulement pour lever l'ambiguïté qui les caractérise et trancher de façon raisonnée les cas obscurs ou perplexes. C'est donc en accordant à la définition et à ses applications, la place qui doit leur revenir dans une doctrine de l'interprétation, qu'on saisira ce que signifient les énoncés d'une législation positive.

Cette solution n'a rien d'original. Elle traduit simplement la conclusion à laquelle on aboutit lorsqu'on défend le principe d'une pratique interprétative fondée sur l'accord des impératifs de la législation empirique et des moyens intellectuels de sa clarification. On la retrouve donc dans toutes les doctrines de l'interprétation, même lorsqu'elles divergent fondamentalement dans leur conception de ce que sont les sources du droit et la langue qui les exprime. Ainsi, quand les théoriciens français de l'École de l'Exégèse du XIXe s'opposaient aux partisans de l'École Historique allemande et refusaient l'idée d'une description des composantes irrationnelles de la langue juridique vernaculaire[1] pour y substituer une démarche analytique appliquée à la production législative, ou défendait les mérites de la codification contre la compilation des coutumes, ils s'accordaient pourtant avec eux sur l'idée que la doctrine doit comprendre les énoncés juridiques dans leur intégralité.

Gammarus opte ici manifestement pour une solution en partie semblable à celle que défendra plus tard l'École de l'Exégèse. Il refuse que le législateur puisse s'affranchir des exigences de la *ratio* et des règles scolastiques d'explication lorsqu'il exprime son *intentio* avec des termes conformes à «l'acception commune des hommes». La raison en a été donnée plus haut. D'une part, le contenu positif de la norme, même irrationnel, doit être expliqué rationnellement par l'interprète, puisque c'est la condition même de sa crédibilité. D'autre part, cette rationalité est une norme à laquelle le législateur (c'est-à-dire très souvent, les *Prudentes* du droit romain), s'est conformé dans ses décisions, par souci de cohérence législative. Interpréter revient donc à mettre à jour la *ratio legis* et l'*intentio legislatoris* pour vérifier en fin de compte leur correspondance par *adequatio rei*. En effet, un législateur peut tantôt employer un mot à la place d'un autre et dire «contrat» pour «quasi-contrat», et tantôt étendre implicitement au second, les dispositions relatives au premier. Dans tous les cas, l'interprétation, qu'elle soit explicative, restrictive ou extensive, revient ainsi à contrôler l'adéquation du *definiens* et du *definiendum* de chaque concept, puisque l'abus de langage ou l'erreur de raisonnement n'existent qu'à

---

1. *Cf.* J. von Grimm, *Deutsche Rechts Alterthümer*, Göttingen, 1828.

partir du moment où l'utilisation d'un concept dépasse son champ d'application ou n'y correspond pas.

Commencer l'interprétation par l'examen de la définition des notions qu'on manie, implique cependant d'avoir une conception précise de ce que sont la définition et ses applications juridiques. Or, l'une des caractéristiques les plus fondamentales du droit est d'avoir besoin de ces définitions dont dépend la qualification juridique des faits et de vouloir en même temps les éviter parce que leur fixité peut empêcher le droit de s'adapter à l'évolution d'une société. Comme le disait le jurisconsulte Javolenus, « toute définition est dangereuse en droit civil. Il est rare, en effet, qu'on ne puisse la subvertir »[1]. Mieux vaudrait sans doute utiliser les descriptions qu'on peut toujours rectifier par suppression, modification ou ajout de circonstances. Ce point est d'importance et constitue un choix doctrinal dont les conséquences pratiques et théoriques seront considérables. La formulation définitionnelle des énoncés d'une législation conduit en effet à concevoir leur application aux cas concrets sur le mode de l'application déductive du genre à l'espèce, et par voie de conséquence, à tenter d'unifier les normes dans le cadre d'une classification générale. La complétude de principe qui en résulte donne alors une force contraignante à l'interprétation, puisque l'analyse syntaxique et sémantique des énoncés permet a priori de qualifier chaque espèce de manière univoque. Inversement la formulation descriptive de ces mêmes énoncés aboutit soit à un émiettement casuistique (il y a autant d'espèces que de circonstances), soit à une classification dont les frontières internes sont d'autant plus floues que l'ajout ou la suppression d'une

1. D. 50.17.202.

circonstance suffit à changer la catégorie de rattachement d'une espèce.

Comme on le verra, l'originalité, sinon de Gammarus qui suit ici la tradition, du moins des juristes héritiers de la scolastique médiévale, est de privilégier l'usage doctrinal des définitions tout en conservant celui des descriptions. La raison en est évidente. Le droit savant n'étant pas constitutif du droit positif, mais simplement réflexif et régulateur, ils ne pouvaient que constater l'importance accordée aux descriptions dans le droit romain, surtout dans le cas de la compilation jurisprudentielle du *Digeste*. Même quand ils défendaient des thèses rationalistes et regrettaient que l'ordre didactique et pédagogique des *Institutes* n'ait pas été suivi par Tribonien dans l'organisation du *Digeste*, ils respectaient malgré tout cet ordre, conformément au principe positiviste du *Digeste* : « la règle, c'est ce qui énonce brièvement ce qui est, car le droit n'est pas tiré de la règle, mais c'est la règle, au contraire, qui se tire du droit existant »[1]. Cette acceptation n'était d'ailleurs pas incohérente du point de vue théorique parce qu'un code constitué en partie d'énoncés descriptifs présente les deux avantages d'assurer facilement la consistance du système et de garantir son adaptabilité. En effet, l'utilisation de descriptions permet de spécialiser les règles de droit et d'éviter ainsi les contradictions qu'engendre la subsomption de circonstances antinomiques sous une règle de droit à portée générique. D'autre part, la formulation descriptive d'une règle de droit équivaut à un prototype que les interprètes peuvent transférer d'autant plus facilement aux cas analogues qu'elle détaille les propriétés essentielles. Elle a donc les avantages génériques de

1. D. 50.17.1.

la définition, sans en avoir les inconvénients. En revanche,
l'usage des définitions est préférable à celui des descriptions
parce qu'elles énoncent toutes et seulement toutes les propriétés essentielles d'une espèce, tandis que les descriptions
les confondent souvent avec les propriétés accidentelles,
notamment lorsqu'elles mettent en avant les plus accessibles
dans l'ordre chronologique ou l'ordre psychologique. Toute la
difficulté est donc de savoir intégrer les descriptions dans une
doctrine raisonnée de l'argumentation juridique, en suppri-
mant en elles l'accessoire et le redondant pour leur faire jouer
le rôle de quasi-définitions. Les deux solutions classiques que
rappelle Gammarus, consistent d'une part à désigner l'espèce
dont on parle par ses particularismes ou ses accidents essentiels afin d'obtenir une dénomination convenant à elle seule, et
d'autre part, à procéder de façon purement extensionnelle,
puisqu'une énumération exhaustive ou si détaillée qu'elle ne
correspond qu'à cette seule espèce équivaut bien empiriquement à une définition. L'interprétation d'une proposition
descriptive ainsi conçue devient alors immédiate et s'opère en
contrôlant l'adéquation entre le décrivant et le décrit, de la
même façon qu'on interprète une proposition à contenu définitionnel en contrôlant celle entre le *definiens* et le *definiendum*. Bien mieux, l'équivalence pratique ainsi obtenue entre
descriptions et définitions permet de remplacer les premières
par les secondes lorsqu'il faut concrétiser les dispositions de la
loi et traduire leur variabilité. Mais pour que cette substitution
puisse s'opérer sans conduire à l'éparpillement législatif
d'une casuistique, il faut pouvoir distinguer nettement entre
propriétés essentielles et propriétés accidentelles. Or, ceci peut
s'avérer singulièrement difficile.

Considérons, en effet, un acte élémentaire comme le
transfert d'un bien à un tiers. Il est évident que sa définition

serait incomplète si l'on ne précisait pas la cause juridique en vertu de laquelle s'opère le transfert (à titre provisoire ou à titre définitif, à titre gracieux ou contre rétribution). On obtiendrait seulement, dans ce cas, une catégorie générale qui ne désignerait pas spécifiquement un tel acte générateur éventuel d'obligations entre particuliers. Mais, pourquoi en rester à la cause dans l'énonciation des circonstances ? S'il est vrai que la définition d'un prêt à consommation comme le commodat doit mentionner sa cause (prêter et non donner, pour consommer et non pour capitaliser), la prise en compte de la nature de ce qui est prêté doit aussi entrer en considération puisque ce prêt ne peut pas porter sur une chose publique inaliénable. Le raisonnement étant identique pour les autres circonstances, on est ainsi conduit à considérer qu'elles sont toutes potentiellement de véritables composantes essentielles, même quand elles paraissent accessoires. Et bien que toutes restent à l'état de simples « accidents concrets » lorsqu'elles n'ont qu'une fonction secondaire, toutes peuvent également devenir de véritables « propres » quand cette fonction devient principale parce que son empêchement est un motif d'invalidation. C'est donc l'appréciation de cette fonction qui déterminera finalement leur caractère essentiel ou accidentel. Or celle-ci reste incertaine lorsqu'elle concerne, non plus les circonstances définies par la loi (il s'agit alors de la question de droit consistant à savoir si les personnes ont les qualités juridiques requises, si le délai prévu a été respecté, etc.), mais des circonstances dont la norme correspond à un standard aussi vague « qu'agir en bon père de famille » ou contracter en vue d'une « juste cause ». Perdant de vue toute référence objective, l'interprétation juridique tend alors à devenir une simple justification des choix subjectifs dans le cadre d'une conception psychologique de la décision judiciaire où les affects du juge et des parties sont autant de circonstances (*cf.* le « cas pour l'ami »), et où les stratégies de conviction remplacent les arguments déductifs.

Face à ces difficultés dont ils mesuraient d'autant mieux l'importance que la composante jurisprudentielle de l'Ancien Droit était considérable et que de nombreux Docteurs, depuis les Glossateurs jusqu'aux Commentateurs du XVIIe siècle, s'étaient efforcés de donner un sens cohérent au contenu hétérogène du droit romain, tantôt par la rectification philologique des textes, tantôt par la remise en ordre logique de ses dispositions et tantôt enfin, par l'élaboration d'instruments unificateurs comme la classification et les topiques, les jurisconsultes ont dû réunir les définitions et les descriptions dans un même système interprétatif en combinant leurs qualités tout en évitant leurs défauts. Or, les définitions ont des qualités propres qui complètent celles des descriptions énoncées plus haut. Elles sont en particulier le meilleur garant de la prévisibilité des solutions puisqu'elles déterminent le contenu des catégories de rattachement des cas particuliers. Elles servent en même temps à réduire la subjectivité du jugement en faisant en sorte que le jugement de subsomption puisse s'appliquer presque automatiquement. Elles contribuent enfin à établir un tel enchaînement de notions et de propriétés par inclusions successives, qu'une doctrine raisonnée de l'interprétation s'en déduit tout naturellement. Mais comment faut-il alors en concevoir le maniement juridique? La réponse s'obtient en grande partie lorsqu'on examine ce que sont la qualification juridique d'un cas et l'application de la règle qui en résulte, dans le cadre d'une législation d'origine jurisprudentielle. En effet, on sait que les circonstances de chaque nouveau cas doivent y être examinées pour repérer les éléments essentiels correspondant aux catégories préexistantes. Ces cas apparaissent donc initialement sous forme de descriptions que l'on compare au contenu définitionnel des catégories en question, pour les y assimiler lorsqu'elles sont ou paraissent identiques à l'élément essentiel de ces dernières. Le traitement juridique d'un cas dans la tradition continentale (il en serait différemment en droit de Common Law où il s'agit principalement de relier un nouveau cas à un précédent, c'est-à-dire deux descriptions, par le biais d'un raisonnement *a simili*), comprend ainsi deux temps successifs dont le premier est proprement interprétatif, à savoir celui où l'on tente d'assimiler une description à une définition préétablie, pour qualifier l'espèce, et le second, presque mécanique, où l'on applique par subsomption à cette espèce, la règle de droit prévue pour sa catégorie. Ils correspondent donc à ceux de « l'invention » et de la « démonstration » de la Dialectique et n'en diffèrent que sous le rapport de la complexité. En effet, si la démonstration procédant par inclusion de l'espèce dans son genre équivaut naturellement à la subsomption et peut recevoir cette forme syllogistique que les juristes de l'époque[1] utilisent régulièrement dans leur présentation semi-axiomatique du droit, « l'invention » de la Dialectique est plus complexe que celle requise pour la simple qualification, puisqu'elle comprend à la fois la découverte de la catégorie spécifique d'une espèce (sa qualification), et la reconnaissance du ou des types

---

1. *Cf.* Gammarus, *Livre de la vérité et de l'excellence de la science juridique*, *op. cit.* ; Chansonnette, *La raison méthodique adaptée dialectiquement à la jurisprudence*, *op. cit.* ; J. Otto, *Les Deux livres de la dialectique du droit*, Iéna, 1620. Voir également J. T. Freigius, *Les deux livres de la logique des jurisconsultes*, Bâle, 1582, où l'on trouve une syllogistique juridique et des « analyses logiques de lois » reposant sur l'usage démonstratif d'axiomes et de définitions.

d'arguments applicables à cette espèce, c'est-à-dire, son ou ses topiques. Quoiqu'il en soit, la complémentarité des définitions et des désignations dans leurs capacités respectives à simplifier et à préciser, n'implique pas qu'elles soient affectées des mêmes difficultés d'interprétation. Bien plus, si leur équivalence empirique dans les situations où le droit lui-même prévoit le nombre et la nature des circonstances d'une question donnée, donne aux descriptions une capacité désignative égale à celles des définitions, cela ne les rend pas égales à ces dernières du point de vue interprétatif parce qu'une simple accumulation de circonstances concrètes n'a pas la valeur explicative des catégories abstraites contenues dans une définition. Même en accordant donc aux «Docteurs modernes» dont parle Gammarus, «qu'une chose puisse être définie par ses effets s'ils adhérent indissolublement à la cause», autrement dit, qu'on puisse se dispenser d'en connaître l'essence pour en faire état dans une disposition juridique et l'interpréter conformément à ses effets, cela ne vaut que dans les cas où ces effets constituent l'équivalent de «propres» parce qu'ils apparaissent seulement quand cette chose existe et en sont les accessoires inséparables. Sorti de là, il s'agit seulement de descriptions provisoires de choses «que nous comprenons et désignons par leurs propriétés accidentelles et leurs effets, parce qu'elles n'ont pas de différences essentielles ou parce qu'elles ne sont pas connues, même si elles en ont».

L'usage des définitions possède en outre cet avantage sur la simple compilation des cas, de faciliter l'expression d'un code en énoncés généraux. Or, si cette généralité soulève des questions d'interprétation lorsqu'il faut l'appliquer à des situations concrètes, notamment quand ces dernières correspondent à des propriétés relevant de deux catégories et soulèvent la difficulté du choix de la qualification préférentielle, elle a pour avantage d'assurer la prévisibilité des solutions puisque le raisonnement y est essentiellement déductif et non analogique. Cette remarque n'est évidemment pas absolue, car il ne s'agit que d'une tendance générale des systèmes juridiques et de leurs modes privilégiés d'interprétation. L'opposition peut donc s'affaiblir à certains moments, notamment quand l'internationalisation du droit s'accompagne de clauses nationales dérogatoires puisqu'on voit alors se former un moyen terme commun à tous les Etats s'efforçant de combiner l'acceptation de principes généraux et la défense de particularismes locaux. Il est encore plus évident qu'il faut la relativiser lorsqu'il s'agit d'un corpus comme l'Ancien Droit qui avait réussi la performance juridique de combiner codification et casuistique, notamment dans les théories des topiques et des circonstances. Il n'en demeure pas moins que c'est la définition qui constitue, même dans ce contexte favorable à l'usage des descriptions, le centre d'intérêt de la doctrine, parce qu'elle révèle la substance même des choses au lieu d'en proposer seulement certains effets, ou comme le disait Gammarus, parce qu'elle « explique la substance d'une chose par ses propriétés essentielles », et « convient seulement et toujours à la chose définie ».

En accordant cette prééminence, il reste à savoir quelles règles on en tire du point de vue de l'interprétation. Gammarus y répond dans la seconde partie de son « lieu par l'interprétation » en ramenant l'activité interprétative au mécanisme aristotélicien de conversion des propositions, c'est-à-dire à la substitution du sujet et du prédicat. La raison en est évidente. Puisque l'interprétation d'un énoncé est à ses yeux l'explication de ce que visait et disait plus ou moins clairement le législateur, et non l'attribution d'un nouveau sens (ce qui explique que le lieu argumentatif qui la concerne s'appelle aussi « par l'étymologie »), interpréter revient à substituer des énoncés équivalents par leur objet, bien que différents dans leurs degrés de précision. C'est tout simplement « la présentation d'un nom moins connu, par un autre nom plus connu » ou, si l'on veut, l'explication d'un interprété par une interprétation. Or, ce qui se prédique d'un sujet peut constituer soit son essence, soit son propre, soit son genre, soit un accident. Comme l'on sait également que la conversion du sujet et du prédicat vaut seulement dans les deux premiers cas et non dans les deux autres du fait de leur différence d'extension, il suffit de savoir dans quel cas l'on est, pour déterminer quelles sont les propriétés d'un énoncé ambigu et pouvoir en donner l'interprétation exacte. Deux règles en découlent. La première dont la formule est : « tout ce qui est affirmé ou nié d'une interprétation convertible, nous le disons aussi de l'interprété », résulte du fait que l'interprété (ce qu'il faut comprendre) et l'interprétation (l'explication qu'on en donne), peuvent être substitués l'un à l'autre quand ils sont dans un rapport de *definiens* à *definiendum*, c'est-à-dire, représentent soit deux expressions équivalentes de l'essence, soit une désignation univoque de l'essence par son propre. L'ambiguïté ou l'obscurité d'un texte sera ainsi supprimée en choisissant la formulation ou la désignation de l'essence qui sera la plus explicite. La deuxième, plus négative, s'obtient par élimination des cas dans lesquels cette convertibilité de l'interprétation et de l'interprété est totalement ou partiellement invalide. Le premier en est celui où l'interprété est un simple accident que d'autres entités pourraient présenter, car, comme le montre l'exemple du magasin assimilé à un ensemble de planches, l'interprétation par convertibilité n'y supprimera pas l'obscurité de l'énoncé qui le concerne, puisqu'elle n'est pas univoque. Le second est celui dans lequel la considération du genre dans ses rapports à l'espèce, est impliquée. En effet, si l'on considère l'énoncé « c'est un testament » comme l'interprété, et l'énoncé « c'est l'expression de l'intention du testateur » comme son interprétation, on voit clairement que « l'argument vaut de façon affirmative, de l'interprété à l'interprétation » car on peut dire « c'est un testament, donc c'est l'expression de l'intention du testateur », ou qu'il vaut négativement « de l'interprétation à l'interprété » puisqu'on peut dire : « ce n'est pas l'intention du testateur, donc ce n'est pas un testament », mais qu'il ne vaut pas de façon affirmative, de l'interprétation à l'interprété, car on ne peut pas affirmer « c'est l'expression de l'intention du testateur, donc c'est un testament », du fait qu'un testateur peut également énoncer son intention de manière informelle. Il suffit donc, là aussi, de vérifier l'identité d'extension entre les termes pour les interpréter correctement, y compris lorsque cela implique de préciser la définition de certaines propriétés complexes pour que leur qualification juridique ne dépende pas seulement de l'acte matériel qu'elles impliquent, mais aussi de la qualité de cet acte (*cf.* la définition du Docteur).

Cette conception essentiellement explicative de l'interprétation juridique, y compris lorsqu'elle prend la forme d'une *extensio* ou d'une *restrictio legis* où l'on prolonge seulement les propriétés de la cause, repose donc finalement sur l'adéquation naturelle de la langue du droit et de la logique, fondée sur le fait que les lois relèvent du rapport genre/espèce dans leur nature et leur application. Tous les Docteurs défendant les principes du rationalisme juridique la mettront en œuvre, soit directement comme Alciat[1] ou

---

1. A. Alciat, *De verborum significatione commentaria*, Lyon, 1530.

Phedericus[1], soit indirectement par le biais des topiques, comme le fait Gammarus, parce que tous y reconnaîtront le meilleur moyen d'assurer la stricte adéquation de la loi à son domaine d'application, tantôt déductivement quand l'expression positive de la *ratio legis* est claire, et tantôt inductivement ou analogiquement quand il faut la compléter par son *intentio*.

Une chose semble malgré tout manquer à ce texte, à savoir, l'expression des raisons normatives de l'interprétation. Pourtant, le droit romain leur réservait une place éminente, notamment dans le *De regulis juris antiqui* du *Digeste*, parce qu'elles complètent les interprétations syntaxiques, lexicales et logiques en y ajoutant la considération des fins propres à tout droit positif. Faut-il donc en conclure que la présentation de l'interprétation juridique par Gammarus (et par les partisans du rationalisme juridique en général), est insuffisante et qu'il faudrait y ajouter les règles de finalité ? La réponse est immédiate dès qu'on définit précisément la nature de ces règles. Celles-ci déterminent, en effet, soit une préférence relative à une simple norme[2], soit une préférence entre des normes, c'est-à-dire une relation d'ordre conçue tantôt du point de vue extensionnel[3], et tantôt du point de vue temporel (le moment de leur promulgation)[4]. Comme les premières ne font pas intervenir de raisonnement spécifique, elles n'ont pas leur place dans un traité d'interprétation et d'argumentation. Les

1. S. Phedericus, *De interpretatione juris, commentarii IV*, Francfort, 1535.

2. *Cf.* D. 50.17.56 : « on préfère toujours l'interprétation la plus avantageuse dans les cas douteux ».

3. *Cf.* D. 50.17.80 (« *generi per speciem derogatur* ») et D. 50.17.147 (« *semper specialia generibus insunt* »).

4. C'est le cas des métarègles d'ordonnancement juridique permettant d'éliminer une contradiction entre deux dispositions légales successives.

secondes, au contraire, s'y retrouvent naturellement parce qu'elles posent essentiellement la question de la justification d'une dérogation à l'ordre naturel de supériorité du genre sur l'espèce ou de priorité de l'antérieur sur le postérieur. Or, le traité de Gammarus réunit les topiques « par le genre », « par l'espèce » et « par l'ordre », autrement dit, les éléments requis pour la formation des métarègles d'ordonnancement juridique. Il serait donc facile de compléter ici son texte pour en faire un abrégé complet des instruments interprétatifs du rationalisme juridique.

TEXTE 2

GÉNY
Méthode d'interprétation et source en droit privé positif
1ʳᵉ partie, § 81 et § 81 bis [1]

81. – [...] Afin d'éviter tout malentendu et de préciser, dans la mesure du possible, la portée exacte, sur ce point spécial, de mes reproches à l'adresse de la méthode régnante, que l'on me permette, en terminant ce chapitre, de résumer, aussi nettement que je les entrevois, les résultats auxquels je me sens amené par les développements qui précèdent.

L'ordre juridique privé, se ramenant essentiellement à une conciliation d'activités libres et à une harmonie d'intérêts, en vue d'une finalité supérieure, ne peut, en dehors de la loi écrite, qui n'en offre jamais qu'une révélation incomplète, trouver ses bases, profondes et fermes, que dans la justice et l'utilité sociale, seuls éléments objectifs capables d'en suggérer les règles, fondées sur la nature des choses et adaptées aux exigences de la vie.

1. F. Gény, *Méthode d'interprétation et sources en droit privé positif*. LGDJ, 1954, p. 186-199.

Mais, s'il commence par une application empirique, procédant au moyen de solutions individuelles, le droit n'en reste pas longtemps à cet état rudimentaire de cas particuliers et de décisions occasionnelles, qui laisserait libre champ à l'appréciation individuelle du juge, arrêterait, pour les intérêts privés, toute prévision d'avenir, et ravirait toute sécurité aux droits individuels. Des solutions particulières se dégagent bientôt, par l'abstraction et la généralisation, édifiées sur la comparaison des espèces, des règles universelles, aux contours larges, au contenu enveloppant, qui permettent d'apercevoir une série de conséquences, et de répondre à de nombreux problèmes. Ce sont les principes juridiques dont la formule pourra être plus ou moins heureuse, suivant qu'elle traduira plus ou moins exactement les exigences de l'équité positive, mais qui, en eux-mêmes, représentent bien des entités réelles douées de valeur objective, parce qu'elles sont puisées dans la nature des choses, et que l'on pourra, par conséquent, développer, à l'aide de la logique, sans s'exposer à quitter la route sûre et claire des réalités vivantes. [...]

Mais, la technique du droit ne se contente pas de dégager les principes et de les revêtir de la forme plastique nécessaire pour la satisfaction des besoins de la vie. Elle s'élève parfois au-dessus de ces réalités, pousse du pied le sol ferme, et d'un bond monte dans la région des idées pures. Ici, interviennent les conceptions et constructions juridiques. On laisse en arrière le but, rationnel et pratique, des institutions, pour n'en retenir qu'un élément idéal, dépourvu de tout contact avec la nature et la vie. Sur cet élément, isolé de son milieu d'éclosion par un effort d'abstraction, le juriste travaille des seules forces de son esprit. Dépourvues de valeur objective, ces opérations d'une logique transcendante n'ont, en soi, qu'un mérite purement théorique, et qui dépend de l'ingéniosité de celui dont elles émanent. Pourtant elles tendent bien à des résultats pratiques, puisque l'on prétend en déduire des conclusions positives. Mais, leur fécondité même ne peut qu'en augmenter le danger. En développant tout en logique ces produits de la pensée pure, on est tenté d'oublier leur nature essentiellement subjective, et de leur attribuer une réalité qui leur manque. Or, c'est là dénaturer le procédé et en fausser tout le jeu, puisque, n'agissant que par la pensée, il n'en saurait excéder la puissance, et que son effet devrait se borner à éveiller des approximations, à susciter des hypothèses, dont le mérite objectif ne peut être apprécié que par une étroite comparaison avec la vie.

Assurément, il n'est pas bien facile de séparer toujours ces pures conceptions de l'esprit, étrangères à la réalité, matériaux de constructions tout idéales, des principes, basés sur les éléments substantiels de la vie, et représentant les réalités elles-mêmes, exprimées en une forme universelle, au moyen d'opérations intellectuelles, assurément analogues, sinon identiques, aux précédentes. Il advient même que principes et conceptions se rencontrent, se combinent, pour offrir à la pratique une règle générale, issue des réalités, mais transformée par l'activité de la pensée en une entité abstraite, qui domine l'effet, et les régente, en quelque sorte, au moyen d'une puissante formule.

Ceci explique que le législateur lui-même ait pu, parfois (bien qu'assez rarement à coup sûr), imposer telle règle de droit sous la forme d'une pure conception. En pareil cas, et bien qu'on en ait dit, la conception s'impose à l'interprète, pour en induire toutes les conséquences qu'implique la formule législative. Et, j'en dirais autant, dans la sphère réservée à l'autonomie de la volonté, pour le cas, où celle-ci, inspiratrice et maîtresse souveraine des actes juridiques, aurait coulé son contenu dans l'expression d'une idée toute abstraite, quand cette idée nous apparaît grosse de réalités et d'effets pratiques.

Mais, hors ces cas, où l'élément idéal prend la valeur d'une injonction, à laquelle le juriste ne se puisse dérober, j'estime que, lorsqu'il reste libre en face des réalités objectives, il doit tenir soigneusement séparés de celles-ci les produits de sa pensée pure, de peur d'oublier la subjectivité de ses concepts, de transformer des hypothèses en principes, des approximations en certitudes, et de méconnaître cette essentielle vérité, que la seule logique, sûre et féconde, pour la jurisprudence positive, se tire des éléments objectifs de la vie sociale, par l'harmonie des croyances et des désirs qu'elle suscite, par la mise en œuvre de l'impératif catégorique de justice, et des aspirations si complexes de l'utilité générale.

Or, il ne me paraît pas douteux que notre méthode traditionnelle ait trop souvent oublié ces préceptes, qu'elle se soit maintes fois laissé duper par la piperie des idées et illusionner par l'attrait décevant de la pure dialectique. [...]

81 bis. – J'ai pu, sans peine, faire surgir historiquement les deux excès, qui caractérisent la méthode traditionnelle de l'interprétation juridique (exagération de l'élément légal ; abus des abstractions logiques), de l'idée, qui domine la philosophie politique du XVIIIe siècle, et suivant laquelle tout le droit positif devrait ressortir exclusivement de la loi, tenue pour la seule expression authentique de la souveraineté nationale. Mais, après avoir exposé et attaqué corps à corps chacune de ces erreurs, je voudrais encore rechercher sommairement, si leur combinaison n'implique pas une théorie *rationnelle*, qui pût en expliquer l'incontestable ascendant, et dont il suffirait d'ébranler la base, pour faire tomber d'un coup tout l'édifice.

Cette théorie rationnelle, qui détermine inconsciemment l'attitude du plus grand nombre des interprètes modernes, a été synthétisée, par certains juristes allemands, en une formule, malaisément traduisible : « *die logische Geschlossenheit des Rechts* », que je demande la permission de transformer librement en celle-ci : « la plénitude logiquement nécessaire de la législation écrite ».

Voici comment on la peut, je crois, exposer, réduite à ses termes les plus simples et dégagée de controverses, qui l'ont souvent obscurcie : la notion moderne du droit positif n'est représentée nettement que par la loi écrite. D'où il suit que celle-ci doit régir toute la vie de l'humanité, en tant qu'elle est soumise à la contrainte extérieure de l'État. Dès lors, en présence d'une situation offerte par les rapports sociaux, on dira : ou bien elle tombe (par subsomption plus ou moins directe) sous l'emprise des textes, alors évidemment ceux-ci s'y appliquent ; ou bien elle échappe au domaine des prescriptions légales, d'où il résulte, qu'en vertu de ces prescriptions mêmes, notre situation reste exempte de la contrainte du règlement, au sens du droit de l'époque, ou, si l'on veut, elle n'est soumise qu'à une loi générale de liberté. Dans les deux cas, la loi écrite a donné (directement ou indirectement) la solution demandée par l'organisation juridique largement entendue. – Maintenant, pour faire toute leur part aux solutions positivement fournies par les textes, et pour ne pas étendre outre mesure la sphère d'une indépendance, quelque peu contradictoire à l'ordre social, il faut savoir reconnaître le contenu intégral des formules légales. La logique se montre ici nécessaire ; et, soit par l'analogie (arguments *a pari*, *a fortiori*), soit par l'exclusion (argument *a contrario*), elle permet de découvrir toute la substance des règles positives. – Mais, on voit que tout règlement (positif et négatif) se dégage irrésistiblement de la loi écrite, fécondée par la logique. En ce sens, on peut parler d'une plénitude, logiquement nécessaire, de la loi écrite, ou plus simplement, affirmer que celle-ci n'offre pas réellement de lacunes. Cette dernière formule est à peu près celle de Brinz, qui l'a encore précisée et expliquée, en ajoutant : s'il y a des lacunes, elles ne résident pas dans le droit, mais chez celui qui cherche à l'obtenir.

Pour réfuter sur le terrain rationnel, celui même où elle se place, la théorie, ainsi édifiée, il faut et il suffit d'établir qu'il y a, dans le système de la loi écrite, des lacunes nécessaires et inévitables. Et, cette démonstration même résultera des constatations suivantes : a) il est des points, exigeant règlement juridique, qui ne sont pas prévus et réglés par la loi écrite ; b) la logique reste impuissante à combler tous les vides résultant de l'insuffisance de textes.

a) Que certaines situations, exigeant règlement juridique, ne trouvent pas celui-ci dans la loi écrite, c'est ce qui se déduit invinciblement du fait que, imparfaits comme toute œuvre humaine, les textes écrits ne sauraient prévoir toutes les circonstances, qui demandent ou demanderont d'être organisées sous la contrainte de l'État, et qu'ils restent manifestement en arrière du mouvement, complexe et incessamment changeant, de la vie sociale. Au surplus, l'expérience confirme ici les conclusions du raisonnement, puisque constamment se présentent à l'interprète du droit des cas non prévus ou réglés par les textes, alors même qu'on prend ceux-ci moins dans leur individualité distincte que dans la combinaison représentée par tout leur ensemble. Il suffit de citer, comme un exemple, à la fois très vaste et très varié, la plupart des problèmes du droit international privé ou du conflit des droits positifs régissant des pays différents, dont un très petit nombre trouve une solution topique dans les lois ou les traités internationaux, qui tous, pourtant, de l'avis unanime des juristes, postulent nécessairement un règlement juridique. <...>[1]

b) Mais ces lacunes, trop visibles, ne pourraient-elles être comblées, au moyen d'une logique, assez féconde pour faire considérer l'ensemble du droit écrit comme capable de répondre aux questions posées par la vie sociale, sans faire appel à des éléments étrangers à lui-même, la logique étant, à l'instar du langage, tenue pour inhérente aux dispositions qu'elle met en valeur?

Un rappel, très simple, des directions élémentaires de la logique générale, écarte aisément ce mirage.

On sait que les procédés logiques se ramènent essentiellement à deux : la déduction et l'induction.

La déduction, qui consiste seulement à tirer d'un principe donné toutes les conséquences qu'il renferme, ne peut évidemment rien ajouter au contenu du principe même. Tout jugement synthétique exige, pour être vérifié, la confirmation d'une expérience, prise en dehors du sujet dont il affirme le prédicat. Le syllogisme lui-même ne peut conclure de sa majeure que ce qui s'y trouve compris. Il n'y a pas là création, mais simple développement; découverte tout au plus, jamais invention nouvelle.

L'induction, il est vrai, peut paraître plus féconde, du moins quand ce n'est pas l'induction aristotélicienne, se bornant à affirmer d'une collection formée par énumération complète ce qui a été reconnu convenir à chaque individu

---

1. Gény montre ici que de pareilles lacunes ne peuvent être éliminées dans un système réputé complet par une solution de droit dont la détermination serait laissée à l'arbitraire de l'interprète, puisque nul principe ne le guiderait. Soit on les exclut du champ du droit, soit on les y intègre en reconnaissant par le fait même, l'incomplétude du système et le pouvoir créateur de l'interprète.

de cette collection, – auquel cas il n'y a qu'une pure simplifica-
tion de formule, – mais quand elle se présente comme induction scientifique, concluant d'un certain nombre de résultats
constatés à un principe général, qui les explique, et qui puisse
en même temps engendrer des résultats nouveaux. Seulement,
cette induction, si précieuse pour les sciences de la nature, ne
se légitime que moyennant l'admission d'un postulat préalable, suivant lequel une régularité fondamentale régirait la
multiplicité des phénomènes (principe des lois). Or, pareil
postulat, déjà sujet à doute (théoriquement, du moins), dans
l'ordre naturel, apparaît des plus téméraires, s'il s'agit de
rattacher, non plus les effets aux causes, mais les règles de
conduite aux conditions des faits qui les imposent, et il devient
tout à fait inacceptable, quand on part des préceptes, émanant
d'une volonté arbitraire (loi écrite), pour les étendre hors des
conditions qu'ils précisent. Les conditions prévues par la loi
n'étant plus exactement réunies, il s'agit de savoir, si la même
prescription doit s'appliquer, ou s'il n'y a pas lieu, au contraire,
d'en établir une autre. Mais, pour choisir entre ces deux
procédés opposés (arguments d'analogie ou *a contrario*), que
propose tout précepte écrit, dès qu'on sort de son texte, la
logique est manifestement impuissante : il y faut la considération et l'estimation d'éléments moraux, politiques, économiques, qui se développent manifestement en dehors des textes,
et excèdent tout à fait les moyens du raisonnement, ceux-ci
fussent-ils mis en œuvre par des conceptions et constructions,
impuissantes à supplanter les réalités complexes de la vie
sociale.

COMMENTAIRE

Ce texte du grand juriste français, François Gény (1861-1959), est tiré de son maître livre paru en 1889, dans lequel il développe une critique radicale de ce qu'il appelle la méthode traditionnelle d'interprétation, ou encore, « la méthode régnante », appliquée par les pères fondateurs de l'École de l'Exégèse, Aubry et Rau, dans leur *Cours de droit civil français*[1] dont les positions doctrinales ont souvent été qualifiées de légalistes et d'étatistes. On y soutient, en effet, que le droit se résume aux lois, en particulier à celles du Code Napoléon, et qu'elles constituent (en particulier pour Trolong), le sommet de la législation raisonnée. L'interprétation juridique y prend ainsi naturellement la forme d'une grammaire et d'une logique juridique, puisque interpréter un texte, c'est d'abord savoir le lire en utilisant les ressources de la syntaxe et de la sémantique afin de découvrir toutes les acceptions possibles conformes à l'intention initiale du législateur. C'est ensuite employer les ressources de la logique pour construire l'armature de concepts permettant d'unifier les

---

1. C. Aubry et F. C. Rau, *Cours de droit civil français*, Strasbourg, F. Lagier, 1836-1846, 5 vol.

données du droit positif en un tout cohérent. C'est enfin recourir à la volonté supposée du législateur en cas de difficulté insoluble d'interprétation. Gény reconnaît que ces règles sont pertinentes, mais elles restent insuffisantes à ses yeux parce qu'elles réduisent l'interprétation d'une législation à ses aspects purement conceptuels et méconnaissent l'importance qu'y prennent les facteurs historiques et les finalités sociales. Et s'il est également vrai qu'il faut continuer d'appliquer tous les instruments interprétatifs conçus par la communauté des juristes depuis l'époque du droit romain, cela n'implique pas d'en faire l'instrument de création d'un certain nombre d'abstractions juridiques détachées de la réalité. Sous la critique de l'École de l'Exégèse se cache donc une analyse beaucoup plus générale portant sur la différence entre les abstractions subjectives élaborées par les juristes pour de simples raisons de cohérence doctrinale, et les abstractions objectives que toute doctrine juridique cohérente ne peut manquer de construire parce qu'elles correspondent à la nature intrinsèque des rapports régis par le droit.

L'argumentation se développe en deux temps correspondant à chacun des paragraphes. Le premier s'efforce de définir le critère à l'aide duquel les créations artificielles de la doctrine peuvent être reconnues et condamnées au profit des seules abstractions légitimes. Le second en tire une réfutation du légalisme interprétatif, justifiée par l'idée que l'exégèse de la seule loi, même complétée par les hypothèses concernant l'intention déclarée ou implicite de son énonciateur, est insuffisante à nous en faire comprendre sa signification actuelle. Le contexte initial de sa promulgation ayant disparu, son sens s'est insensiblement modifié au point qu'il devient inutile et même souvent impossible de revenir à celui qu'elle avait autrefois pour connaître celui qu'elle devrait avoir aujourd'hui. Plutôt que de maintenir le juriste dans le carcan d'une méthode d'analyse linguistique stérile, il faut au contraire, selon Gény, lui reconnaître le droit de passer au stade supérieur d'une «Libre Recherche» fondée sur une ontologie jusnaturaliste conforme aux normes et aux besoins fondamentaux de la société.

Ce jusnaturalisme mêlé de vitalisme et de considérations sociologiques héritées de Bergson et de Durkheim, apparaît de façon assez discrète au début du passage lorsque l'auteur déclare que la fonction du droit est d'assurer une «justice et une utilité sociale fondées sur la nature des choses et adaptées aux exigences de la vie». Bien qu'elliptique, cette indication est d'importance car elle prouve que l'opposition de Gény aux partisans de l'École de l'Exégèse ne résulte pas seulement de considérations doctrinales internes, mais aussi de raisons externes dépendant d'une conception sociale du droit héritée en grande partie de l'École Historique allemande et des travaux de Savigny. Or, l'on sait que ces deux écoles se sont opposées tant au niveau des principes que des méthodes. Quand Savigny et ses disciples mettent en avant les sources informelles et coutumières du droit, l'École de l'Exégèse souligne l'importance de sa formation étatique dans le cadre de la codification. Quand les premiers détaillent les particularismes régionaux pour mieux rappeler le caractère historiquement déterminé et transitoire des concepts juridiques, l'Exégèse s'attache au contraire à mettre en évidence les fondements formels de leur intemporalité. Et quand, enfin, les premiers voient dans la multiplicité des législations allemandes, la preuve d'une diversité originelle dont il faut préserver l'authenticité, la seconde met au contraire l'accent sur la nécessité d'une unification rationnelle. Ce texte de Gény équivaut donc à une prise de position doctrinale réunissant de

façon syncrétique, certaines thèses de l'École Historique
allemande, une prise en compte des déterminants socio-histo-
riques du droit compatibles avec une orientation jusnaturaliste
et une application des méthodes interprétatives héritées de la
grande tradition des Commentateurs du XVIᵉ siècle.

Dans les paragraphes qui suivent, Gény résume en
quelques lignes, la façon dont le droit s'est constitué en
doctrine raisonnée à partir des premières législations visant
la satisfaction de besoins élémentaires déterminés par l'ordre
naturel. La systématique juridique en était évidemment
absente et l'on se trouvait en face de collections de règles
formalistes, comme la Loi des XII tables, puis de compilations de décisions particulières pouvant servir analogiquement de modèles. Le développement des relations sociales et
leur abstraction croissante ne pouvant se contenter longtemps
des contraintes inhérentes à de tels systèmes de normes, il
fallut imaginer des principes juridiques capables de régler les
échanges et d'assurer la prévisibilité des solutions. Tel est le
rôle positif que Gény reconnaît aux constructions doctrinales
commençant avec la codification des *Institutes* et se pour-
suivant jusqu'aux travaux des Commentateurs tardifs. Les
marques de cette positivité qu'il qualifie « d'objectivité », sont
également jusnaturalistes en ce qu'elles traduisent la capacité
d'une construction doctrinale à représenter correctement les
rapports juridiques dérivant de la « nature des choses », dans un
système de concepts (les « entités ») dont la « réalité » est
précisément à la mesure de cette conformité. Il est évident que
Gény n'aurait pas pu reprocher grand-chose à l'École de
l'Exégèse et au travail doctrinal en général, si l'on en était resté
à ce stade d'élaboration. Mais ce ne fut pas le cas pour
deux raisons connexes. En prétendant n'interpréter la loi que
par elle-même, cette École limitait à tel point ses ressources

qu'elle devait introduire les subtilités de l'abstraction pour trouver les arguments qui lui manquaient. D'autre part, son principe de complétude s'accordait avec un esprit de système dont la tendance naturelle est de former des constructions où l'artificialité croît à mesure qu'on s'éloigne de la réalité. Si l'on peut sans doute reconnaître les marques de «l'ingéniosité» d'un auteur dans de telles créations artificielles, on n'y trouve plus, selon Gény, l'expression des rapports juridiques réels, seule garante d'objectivité pour une construction théorique.

D'un autre côté, cependant, il ne servirait à rien d'interdire l'usage des idées abstraites dans le cadre du travail doctrinal puisque la généralisation qu'elles permettent lui est essentielle. Et comme l'on ne peut en même temps accepter sans discussion n'importe quelle construction formelle, toute la difficulté est de savoir ici comment définir le niveau en deçà duquel les abstractions restent au service de l'expression de la réalité et au-delà duquel elles ne servent plus que des impératifs autonomes d'économie théorique du système dont elles font partie. Or, Gény note que cette tâche est inévitablement difficile parce que les opérations intellectuelles d'abstraction permettant d'isoler les «principes généraux basés sur les éléments substantiels de la vie» sont identiques à celles grâce auxquelles on forme les «pures conceptions de l'esprit, étrangères à la réalité, et matériaux de constructions tout idéales». Bien plus, ces conceptions sont parfois tellement intégrées à la production législative, qu'on est parfois contraint d'en admettre l'objectivité et de les considérer comme des abstractions incarnées dans les faits. La solution de la *Libre Recherche* qu'on détaillera plus loin, consistera donc à réunir les règles traditionnelles d'interprétation, les abstractions et l'examen des finalités du droit, pour appliquer les deux premières aussi loin qu'on le peut sans artifice, et faire intervenir ensuite les dernières lorsqu'il faut ajouter une donnée normative aux précédentes pour résoudre une question qui les dépasse.

Ici, les partisans de l'École de l'Exégèse pourraient objecter qu'en abandonnant le terrain du droit positif, analysé conformément aux seules règles de la linguistique et de la logique, elles-mêmes complétées par la prise en compte de l'intention du législateur, on risque fort d'aboutir à des constructions illusoires. La véritable méthode d'interprétation juridique reposerait au contraire sur la confrontation des données du droit positif à elles-mêmes, à partir d'un postulat de consistance et de complétude. Gény y répond dans le § 81 bis, par deux arguments. Il rappelle tout d'abord qu'une législation ne peut être complète puisque les cas non prévus par une loi à l'époque de sa promulgation lui échappent inévitablement. La présence de lacunes dans un code ne révèle donc pas un défaut accidentel de conception, mais témoigne de la nature intrinsè-quement incomplète de tout corpus juridique et l'on se trompe totalement lorsqu'on soutient qu'il suffit de savoir lire les lois pour y trouver la réponse à tous les cas possibles. Il démontre ensuite que l'interprétation d'un cas difficile n'est pas strictement logique, mais également normative, puisqu'elle repose sur l'acceptation de certains objectifs sociaux.

Le premier argument consiste à réfuter la thèse d'origine allemande de « la plénitude logiquement nécessaire de la légis-lation écrite », autrement dit, l'idée selon laquelle un code d'origine étatique est un système de prescriptions ayant une unité définie par l'*intentio* du législateur, une consistance résultant du fait qu'on n'y trouve pas de prescriptions totale-ment contradictoires et une complétude consistant en ce que tout cas y est prévu ou prévisible par subsomption ou induction immédiate. Les nouvelles espèces sont déjà comprises dans les genres définis par les lois ou peuvent y être intégrées par *extensio legis*, car les propriétés nouvelles qu'elles manifestent, restent accidentelles et ne remettent pas en cause l'unité du genre. En bref, les règles de l'interprétation juridique sont logiques parce que la structure du droit est logique. Dans une note de bas de page, Gény dit que cette formule est « le titre même d'une brochure d'E. Jung, Von der "logische Geschlossenheit" des Rechts … qui, d'ailleurs, combat cette conception ». Il renvoie également aux paragraphes 207 à 209 de la fin de son livre où il analyse le mouvement du *Freies Recht* né sur les bases de l'École Historique allemande dont l'intention était de promouvoir l'originalité du droit commun allemand d'origine coutumière pour mieux s'opposer à la codification rationnelle de type français, et qui en était venu paradoxalement à défendre des thèses très proches de celle de la codification. On en devine facilement la raison. Bien que la théorie organiciste et coutumière du *Freies Recht* s'opposât radicalement au rationalisme universaliste de la doctrine française, les deux conceptions étaient pourtant amenées à soutenir des points de vue méthodologiques analogues dès lors qu'elles adoptaient une sorte de règle d'autonomie ou d'autosuffisance législative préconisant de rechercher dans le seul droit interne, le principe d'interprétation et d'intégration des nouveaux cas. Bien sur, cette similarité formelle n'impliquait pas l'identité des deux doctrines car ici encore, analogie n'est pas raison. Rien hormis ce principe de complétude secondé par l'usage de la logique, ne reliait vraiment ce qui, d'un côté, cherchait l'originalité du droit dans les particularismes linguistiques et coutumiers, et de l'autre, prétendait la trouver dans l'expression d'une raison universelle. Mais cette ressemblance permet malgré tout de tirer une conclusion intéressante du point de vue de l'interprétation juridique : tout système raisonné qui prétend traiter entièrement les nouvelles données issues de la pratique en utilisant seulement les ressources d'un corpus défini de lois, est contraint d'assurer la cohérence logique de l'ensemble, soit en empêchant l'apparition de situations de désaccord au moyen de règles spécifiques de non-contradiction, soit en introduisant des règles d'*extensio* et de *restrictio legis* si lâches qu'elles permettent d'attribuer à ces nouvelles données un sens compatible avec les anciennes. Le premier cas, résumé en quelques lignes par Gény, est celui dans lequel l'exhaustivité naît d'une interprétation stricte des modalités déontiques de l'obligatoire et du permis. On peut en effet, soit réputer permis tout ce qui n'est pas explicitement interdit, soit, inversement, considérer comme interdit tout ce qui n'est pas explicitement permis. S'il en résulte deux systèmes différents, puisque le premier est permissif et le second, répressif, tous deux sont également complets en ce qu'ils excluent précisément les situations intermédiaires. Le droit positif s'en écarte pourtant du fait de leur trop grande simplicité, voire de leur simplisme. On sait, en effet, qu'il existe empiriquement des situations juridiques dans lesquelles une obligation reste facultative et d'autre part, que les conceptions permissive et répressive d'une législation sont pratiquement inopérantes puisque la première conduit au désordre juridique en permettant les comportements analogues à ceux relevant d'une interdiction, mais non prévus par elle, tandis que la seconde conduit à la paralysie les rapports sociaux lorsqu'elle interdit les comportements analogues à ceux relevant d'une permission, mais également non prévus par elle. Enfin, la promulgation, toute circonstancielle, de nouvelles lois particulières, ne sert à rien dans les deux cas, sauf à multiplier les contradictions de l'ensemble en augmentant la possibilité d'avoir deux situations analogues régies par deux lois contraires.

Pourtant, comme le rappelle Gény, le principe de « plénitude, logiquement nécessaire, de la loi écrite » reste l'idéal régulateur de tout interprète, puisque la question fondamentale qu'il se pose à chaque fois en présence d'une nouvelle espèce est de savoir ce que le droit dit à son propos. Comme sa fonction est de « savoir reconnaître le contenu intégral des formules légales » et « découvrir toute la substance des règles positives », il lui faut nécessairement employer des arguments dont la validité est reconnue par tous et qui conduisent à des solutions irréfutables. C'est donc à ce titre que « la logique se montre ici nécessaire ». Mais qu'entend-il vraiment par « logique » ?

A bien y réfléchir, la réponse de Gény s'avère très imprécise sur ce point, car lorsqu'il écrit : « la logique se montre ici nécessaire ; et, soit par l'analogie (arg^{ts} a pari, a fortiori), soit par l'exclusion (arg^{t} a contrario), elle permet de découvrir toute la substance des règles positives », il veut évidemment dire que ces deux types d'arguments ont la même force probante et qu'ils permettent tous deux, d'assurer la "plénitude, logiquement nécessaire, de la loi écrite". Or, cela n'est pas vrai, comme le montre la suite du texte, parce que la valeur de vérité d'un argument a contrario est bien supérieure à celles d'un argument a pari, du fait qu'il consiste en la négation d'un énoncé antérieur obtenu par un raisonnement déductif procédant du genre à l'espèce, tandis que le second est le résultat d'une induction, autrement dit, d'une inférence dont la validité dépend de la formation préalable d'une catégorie regroupant les cas similaires. Même en accordant que ces deux types d'arguments puissent assurer la plénitude de la loi, on ne peut donc admettre qu'ils le fassent au même titre, car le premier utilise la subsomption pour inclure les nouvelles espèces dans les catégories du droit existant lorsque leurs propriétés sont identiques à ces dernières, tandis que le second emploie l'analogie afin d'élargir la compréhension de ces catégories et pouvoir y inclure les espèces en question. Si le premier procédé, presque mécanique, ne modifie pas la portée du droit existant, le second la transforme au contraire d'une façon qui peut être insensible lorsqu'il s'agit d'une seule espèce, mais qui peut devenir majeure quand ces dernières s'accumulent et produisent éventuellement un retournement de jurisprudence. Dans ce cas bien précis, il ne s'agit donc plus d'une simple application du droit existant, mais d'une véritable transformation supposant ces deux éléments inacceptables pour les partisans d'un légalisme strict que sont l'attribution d'un pouvoir créateur à l'interprète et la délimitation par celui-ci des frontières de l'extension analogique légitime. La maxime : « s'il y a des lacunes, elles ne résident pas dans le droit, mais chez celui qui cherche à l'obtenir », en vertu de laquelle on impute à l'interprète le fait de ne pas savoir tirer les conséquences logiques des dispositions générales de la loi, devient alors singulièrement discutable puisqu'elle renvoie à une complétude qui ne peut être assurée, dans le cas dont parle Gény, qu'en utilisant des arguments dont certains la nient en fait parce qu'ils peuvent engendrer une transformation imprévisible du droit par voie jurisprudentielle. Il est vrai qu'on pourrait concevoir une législation comme celle de l'actuel Code Civil suisse (art. 1, al. 1), qui précise les modalités d'appréciation et d'interprétation du juge, et voit dans ses décisions, autant de conclusions obtenues par application de la logique et de principes généraux tels que l'équité. Mais cela impliquerait d'accorder à ce dernier un pouvoir d'interprétation et d'appréciation qui supposerait que le contenu des normes ne soit pas totalement défini et puisse (ou doive) être précisé par tout ajout ultérieur.

Prise en elle-même, la maxime de la plénitude de la loi écrite ne peut donc s'appliquer qu'aux systèmes juridiques dont les règles de catégorisation et d'interprétation sont à ce point déterminées par le législateur qu'elles transforment les juges en organes d'exécution, et soit, excluent par principe toute incertitude, soit introduisent une telle procédure de renvoi (*cf.* le référé législatif), qu'une dérive jurisprudentielle ou doctrinale devient impossible. C'est ce que Justinien prévoyait et voulait imposer dans ses trois introductions du Codex, ou mieux encore, ce que Leibniz proposait dans son *De justitia et novo codice*[1] lorsqu'il montrait que la formulation d'un code complet suppose l'adoption d'une position strictement légaliste consistant d'une part à imposer une règle générale d'annulation affectant toute disposition contraire ou non prévue, et de l'autre, à interdire par le fait même, toute modification jurisprudentielle ou doctrinale du texte légal, quelles que soient les raisons invoquées (nouveau cas, loi non écrite, conjecture, *ratio legis*, intention présumée du législateur, règle de dérivation non prévue, *communis opinio doctorum*).

On devine aisément qu'un tel code idéal auquel il ne manquerait qu'un ensemble de définitions et d'axiomes pour que son application relève de la seule logique, reste très éloigné de la pratique du droit positif où chaque exception constitue

---

1. G. W. Leibniz, *De justitia et novo codice*; Grua, *Textes inédits*, t. 2, 1948, p. 622 *sq.* Cet essai de législation rationnelle où la diversité des voies s'accorde à la simplicité des moyens, n'invalide en rien tous les traités leibniziens portant sur le droit positif. Il donne simplement la formule élémentaire et idéale de ce que le *Corpus juris* énonce dans sa complexité empirique.

finalement une sorte de règle particulière. Une telle conception logiciste transformant le juge en simple organe d'application de la règle de droit, n'a rien à voir non plus avec la thèse de la plénitude de la loi écrite parce qu'elle interdit de considérer les finalités du législateur et réduit l'interprétation à l'analyse littérale du texte, contrairement à ce que préconisaient les partisans de l'Exégèse pour qui la volonté déclarée ou l'intention supposée du législateur constituent les matériaux de l'interprétation. Loin de s'en remettre aux seuls éléments formels des lois, l'interprète devra donc examiner tous les éléments institutionnels pouvant exprimer cette intention, en commençant par ceux qui le font expressément (le préambule de la loi ou l'exposé des motifs), pour passer éventuellement à ceux qui le font de façon de plus en plus indirecte. Il étudiera ainsi les travaux préparatoires, puis les éventuels antécédents historiques de la règle auxquels succèderont les conclusions qu'on peut tirer des règles semblables à partir de l'hypothèse de leur cohérence systémique. Enfin, si aucune de ces ressources ne suffisait à déterminer le contenu de cette volonté, il en viendrait, en dernier recours, à ce qu'établissent d'éventuelles coutumes et à ce qu'exige l'équité.

La « logique » de l'École de l'Exégèse dont parle Gény, porte donc, en définitive, sur l'ensemble des données et motivations normatives du législateur qui déterminent totalement et en toute circonstance le contenu de ses prescriptions. De même, la plénitude de la loi écrite qu'elle postule est « logiquement nécessaire », c'est-à-dire inséparable du principe d'autonomie interprétative, parce que le contenu d'une disposition législative doit se déduire, selon elle, du rapport juridique que son auteur a voulu établir pour des raisons normatives qui lui sont propres. Enfin, le fait qu'un interprète, simple organe d'application, prétende introduire une norme extérieure pour régler des cas imprévus, constitue à ses yeux une véritable usurpation d'autorité que doit condamner tout partisan du légalisme juridique.

Gény refuse ces conclusions pour deux raisons principales. La première tient à l'influence qu'a eue sur lui la pensée de Savigny pour qui le droit est une création coutumière, c'est-à-dire autant un effet de l'habitude qu'un acte de volonté. L'idée que la loi puisse être un tout autosuffisant, même à titre de postulat méthodologique, lui paraît ainsi excessive car elle néglige aussi bien les déterminants sociaux de la production des normes que les idéaux gouvernant les rapports humains. La seconde résulte d'un fait qu'il rappelle dans son texte. La méthode d'interprétation interne de la théorie légaliste l'empêche de traiter convenablement la question des lacunes. Or celles-ci ne sont pas un défaut secondaire et temporaire, né d'une imprécision législative qu'il serait facile d'éliminer par l'examen de la *mens legislatoris*, mais une propriété essentielle du droit. En effet, aucune législation ne peut prétendre couvrir a priori l'ensemble des cas qu'elle n'envisageait pas lors de sa rédaction, puisque l'évolution de la jurisprudence transforme insensiblement la substance même d'un code et donne à certains concepts, une signification étrangère à celle qu'ils avaient à l'origine. Bien plus, certaines parties du droit en général sont inévitablement lacunaires parce qu'elles reposent sur une hiérarchie incomplète de normes ou font intervenir, à l'exemple du droit international privé, plusieurs ordres juridiques qui divergent sur la définition de concepts fondamentaux. Dans ce dernier cas, en effet, la reconnaissance de la compétence d'une loi étrangère sur le territoire national, pour la solution d'une difficulté opposant un natif du pays à un étranger, introduit un élément exogène provenant d'un système dont le sens intégral peut échapper au juge[1]. Celui-ci est alors contraint de procéder de manière comparatiste, c'est-à-dire par analogie, pour tenter de définir un concept commun aux diverses catégories nationales et les rattacher à une même règle de droit. Deux solutions extrêmes sont alors possibles dont les principes reviennent aux modes de catégorisation autrefois formulés par les scolastiques[2]. Soit définir ce concept commun en additionnant les propriétés des catégories spécifiques des droits nationaux, soit le former à partir de leurs seules propriétés essentielles. La première a le défaut d'aboutir à un résultat discutable et provisoire puisqu'elle impose de prendre en compte toutes les conceptions existantes (ce qui suppose d'avoir déjà à l'esprit, à titre de prénotion, ce dont on cherche à former le concept), et peut être invalidée par l'apparition de nouvelles institutions. La seconde paraît plus convaincante en ce qu'elle vise une définition non précaire. Elle présente cependant l'inconvénient de supposer certains choix doctrinaux introduisant une différence dans le mode de définition des concepts visés, et par le fait même, dans leurs domaines respectifs d'application. Ainsi, dans le cas du mariage, une définition par la cause efficiente (les actes institutionnels qui le constituent juridiquement) ne regroupe pas les mêmes institutions nationales que celles qu'on obtient par la cause

1. *Cf.* P. Mayer, V. Heuzé, *Droit international privé*, 8ᵉ éd., J. Domat, Paris, Montchrestien, 2004, p. 121-123.
2. *Cf.* dans Everhardus, *De tanquam seu respectivis, op. cit.* ; Gammarus, *De veritate ac excellentia legalis scientiae liber, op. cit.* ; les topiques « par le tout intégral », « par la partie intégrale », « par la cause matérielle », « par la cause efficiente », « par la cause formelle », « par la cause finale », « par les accidents communs », « par la relation du principal à l'accessoire ».

formelle (l'union volontaire de deux individus de sexe opposé), ou par la cause finale (la procréation et l'éducation). Choisir l'une ou l'autre de ces solutions a par conséquent des effets déterminants sur le découpage de la réalité et conduit à des systèmes normatifs différents dont le principe de formation résulte en partie des normes implicites de l'interprète. L'interprétation cesse alors d'être uniquement celle des sources, pour devenir celle du droit, voire des droits (les différents équilibres systémiques), et celle de l'interprète. Ces deux solutions sont donc insuffisantes parce qu'elles pèchent sur un point essentiel. Elles consistent en une induction opérée sur un ensemble non clos, c'est-à-dire une induction amplifiante, dont la validité reste conditionnelle puisqu'elle dépend du fait qu'on admette l'unité préalable de l'ensemble qu'on veut ensuite unifier, autrement dit, qu'on accepte le « postulat préalable, suivant lequel une régularité fondamentale régirait la multiplicité des phénomènes ». Une conclusion évidente en résulte : comme la déduction est incapable d'éliminer les lacunes à partir des seules données du droit positif et qu'il faut introduire un élément extérieur pour y parvenir, le juge confronté à une situation lacunaire ne doit pas hésiter à abandonner « la fiction de la plénitude du droit organiquement constitué »[1] introduite par l'École de l'Exégèse, pour agir *modo legislatoris*. Après avoir utilisé en vain les ressources de la méthode interprétative traditionnelle, il doit rechercher la solution de l'espèce par d'autres moyens et dans autre chose que la loi écrite.

Une telle solution n'est pas sans danger. Elle soulève même des difficultés si considérables que Gény devra écrire *Science et technique en droit privé* pour tenter d'y remédier.

---

1. F. Gény, *Science et technique en Droit Privé positif*, Sirey, 1922, p. 35.

Soutenir, en effet, qu'il faut chercher la réponse à une lacune dans « la considération et l'estimation d'éléments moraux, politiques, économiques, qui se développent manifestement en dehors des textes, et excèdent tout à fait les moyens du raisonnement », revient à remplacer la raison par une vague intuition et à faire d'une discipline non juridique, l'arbitre d'un problème interne au droit. Or, c'est difficilement acceptable, même en donnant au mot « raisonnement » le sens de « déduction », car la détermination de la norme extérieure au droit positif requise pour la suppression d'une lacune, repose elle-même sur la déduction des conséquences juridiques qui en résulteront sur l'économie du système. Si des considérations sociologiques, économiques et psychologiques, ou plus traditionnellement, jusnaturalistes, peuvent intervenir à titre informatif dans la détermination et le tri des solutions, cela n'implique nullement de transformer le droit en une science hétéronome dépendant de normes qui lui seraient extérieures, puisque le choix dépend en dernier recours de l'évaluation purement rationnelle de leur effet sur la cohérence interne et l'harmonie des solutions. L'objectif est de faire en sorte que la norme extérieure n'entre pas en conflit avec les dispositions internes du droit qui l'accueille ou qu'elle s'accorde avec les prescriptions des ordres juridiques étrangers, dans le cas du droit international privé[1]. Or, cela se vérifie rationnellement.

C'est sur ce point, comme le montrera *Science et technique*[2], qu'une ligne de fracture apparaîtra chez les critiques de la méthode dogmatique de l'Exégèse, entre ceux

1. Voir sur ce point, H. Battifol, *Aspects philosophiques du droit international privé*, Paris, Dalloz, 2002, p. 182-183.
2. Cf., *ibid.*, p. 40.

qui voudront, comme R. Saleilles, que les réponses juridiques aux lacunes résultent d'une amélioration, en quelque sorte interne, des règles d'interprétation, et ceux qui, à l'instar de L. Duguit, privilégieront une réponse de type sociologique fondée sur la considération d'un but social extérieur[1]. La solution que propose Gény et dont on voit ici qu'elle postule la complémentarité de la logique de démonstration et de la « logique » d'invention, repose sur une différence proprement bergsonienne entre ces deux types d'activités juridiques que sont les solutions des cas par raisonnement et par ajout de norme. En effet, si l'activité du juriste peut être considérée comme une science lorsqu'elle s'appuie sur l'utilisation précise et limitée des raisonnements déductifs, inductifs et analogiques pour construire, systématiser et interpréter les catégories abstraites représentatives des rapports d'obligation, elle doit être considérée comme un art intuitif lorsqu'il lui faut embrasser la totalité des aspects de la vie sociale pour déterminer la norme capable d'éliminer une lacune juridique. Car si le juge du fond peut se contenter d'appliquer les règles classiques d'interprétation dans le cas d'une espèce dont les propriétés sont simples et si proches, réellement ou fictivement, de celles d'une catégorie prévue par la loi, qu'il peut aisément l'y rattacher, il ne peut plus procéder ainsi quand les propriétés à prendre en compte sont en très grand nombre et ne relèvent clairement d'aucune catégorie précise. Il lui faut au contraire appliquer un mode de pensée qui lui permette de saisir cette complexité et sa solution dans leur globalité,

---

1. Sur la notion de « téléologie juridique » dans la conception sociologique du droit, voir H. Battifol, *Aspects philosophiques du droit international privé*, *op. cit.*, p. 193.

puisque « …les problèmes juridiques ne doivent pas, dans l'étude qu'on en fait, être détachés des événements de la vie qui les font surgir… »[1], c'est-à-dire, passer du mode de pensée analytique où l'on isole les paramètres, au mode de pensée intuitif et holistique qui peut seul les réunir, d'après Gény, et combiner naturellement un grand nombre d'exigences.[2]

Cette conclusion est loin d'être évidente et bien qu'elle traduise la complexité de la fonction du juge qui, soumis à l'obligation de juger, doit à la fois appliquer le droit aux cas prévus par la loi et dire le droit en s'aidant de principes aussi vagues que généraux quand la législation est imprécise ou silencieuse, elle s'avère particulièrement critiquable sur deux points. Le premier tient à la nature même d'une décision prise *modo legislatoris*. En effet, lorsqu'un interprète se substitue en quelque sorte au législateur pour préciser le droit ou infléchir son orientation sur un point mineur d'une espèce, il s'efforce d'estimer aussi précisément que possible la nature et l'importance des raisons en jeu afin de justifier sa décision. Il est, par conséquent, tenu de suivre la démarche analytique requise pour que sa décision soit entérinée par une éventuelle instance supérieure et non les vagues indications de l'intuition. Défendre les mérites de cette dernière aux dépens de l'analyse n'est donc pas justifié dans ce cas. Le deuxième concerne la place qu'il faut réserver à l'induction amplifiante dans le cadre de l'interprétation juridique. Comme on l'a vu, Gény reconnaît à la fin de son texte qu'elle constitue un des principaux

---

1. *Ibid.*, p. 144.

2. *Cf.* « Si nous ne pouvons absolument stéréotyper l'intuition, nous la caractérisons comme une sorte de retour de l'intellect à l'instinct, et comme une lutte de notre moi vivant pour échapper aux résultats dissolvants de l'analyse par concepts au moyen d'une appréhension naturelle des réalités ». *Ibid.*, p. 145.

instruments de l'interprétation classique, mais soutient en même temps qu'elle est incapable de supprimer une lacune parce que son application aux cas non prévus supposerait que ceux-ci restent conformes au principe d'unité à l'œuvre dans les cas déjà recensés. Or, cette preuve d'une conformité future ne peut être obtenue à partir du droit existant dont les dispositions correspondent à des catégories prédéfinies. Elle provient par conséquent, d'après lui, d'une discipline extérieure capable d'analyser les comportements sociaux et d'y reconnaître les facteurs de permanence et d'évolution. L'argument semble imparable dès lors qu'on admet qu'une nouvelle orientation du droit ne peut résulter d'une simple induction amplifiante parce que celle-ci continue un mouvement et ne le génère pas. Mais est-ce si incontestable que cela ? L'évolution par voie jurisprudentielle est en général le fait d'une accumulation de modifications ténues affectant initialement des éléments secondaires, que les juges peuvent introduire sans difficulté parce qu'ils apportent une précision légitime dans la définition d'une catégorie, et ne la rectifient pas pour autant. Il suffit alors que d'autres modifications allant dans le même sens soient introduites ultérieurement pour que la jurisprudence s'infléchisse insensiblement et transforme rétroactivement ces éléments secondaires en authentiques accidents essentiels, selon la terminologie de Gammarus, puis en propres, et enfin en parties essentielles modifiant radicalement la catégorie initiale. A ne considérer que les deux termes extrêmes de cette série d'évolutions insensibles, il semblerait que seul un acte législatif créateur de droit puisse opérer une telle mutation. Mais c'est oublier que la modification reste toujours locale et que la transformation normative qui en résulte, reste inaperçue jusqu'au moment où s'impose la nécessité de créer une nouvelle catégorie conforme aux dernières espèces apparues parce qu'elles s'éloignent tellement du type initial qu'on ne peut plus les ranger sous la même catégorie, sauf par fiction, et parce qu'elles sont devenues si courantes qu'on ne peut nier l'existence effective d'une nouvelle tendance. Contrairement donc à ce que dit Gény, il n'est pas besoin d'adopter la position anti-normativiste de la *Libre recherche* pour rendre compte du pouvoir créateur du juge car les instruments traditionnels d'interprétation lui permettent de s'exercer normalement sans faire appel à l'intuition.

Ce texte est donc, en définitive, une bonne illustration de l'époque où la science juridique se renouvelait sous les influences croisées de l'École Historique allemande et des sciences humaines naissantes. Il en a cette qualité qu'est l'ouverture du droit aux autres disciplines, mais aussi ce défaut qu'est le fait de vouloir expliquer l'acte complexe, mais toujours rationnel, de l'interprétation en faisant appel aux représentations vagues de l'intuition et de l'élan vital.

TABLE DES MATIÈRES

Imprimerie de la manutention à Mayenne (France) - Août 2013 - N° 2117665
Dépôt légal : 3ᵉ trimestre 2013